Dédié à mes parents :
Constant Georges MERITZA
(1929-2011)
Josiane MERITZA
(1936-)
et à celle qui partage ma vie
ma compagne Sophie

<u>Spéciale dédicace :</u>

Yoann MERITZA

L'ami
de
L'âme

Éditeur:

BoD-Books on Demand,

12/14 rond point des Champs Élysées

75008 Paris, France

Impression : BoD-Books on Demand, Norderstedt, Allemagne

dépôt légal décembre 2019

ISBN : 9782322186402

photo de couverture :

licence : cco 1.0 universal / (cco 1.0)

graphisme : Yoann MERITZA

L'ami de l'âme

Je ne me souviens plus comment tout
cela a commencé

Je ne me souviens plus si c'était un rêve
ou la réalité

Ni même combien d'années s'étaient
écoulées

Étais-je perdu dans mes pensées à
chercher la vérité ?

Dans ce silence de l'esprit, je trouve ma
destinée

QUELQUES MOTS SUR L'AUTEUR

Yoann MERITZA est un auteur essayiste spécialisé dans le développement personnel.
Il est également l'auteur du best-seller "Comment reprogrammer son subconscient ?"

Il est né le 28 mars 1978 à Bonneville en Haute-Savoie et a grandi à Cluses dans ce même département. Il a suivi des études en comptabilité et une formation de collaborateur PME-PMI où il a appris la PNL (Programmation Neurolinguistique). Il a participé à de nombreux stages et séminaires sur la communication et se passionne dans le domaine du développement personnel. Autodidacte dans l'âme, il continue de se perfectionner dans la communication et l'étude de la nature humaine en suivant les traces de nombreux auteurs du même thème tels que Napoléon Hill, Norman Vincent Peal, Florence Scovel Shinn ou le docteur Joseph Murphy.

Il crée sa propre méthode en faisant des synthèses issues de ses nombreuses lectures sur le sujet et amène les lecteurs à une large compréhension du domaine de la croissance personnelle par une approche simplifiée pour une assimilation à tous niveaux, son souci étant toujours la précision du thème choisi et d'apporter aux lecteurs novices des réponses claires et abordables à tous niveaux culturels.

Fils d'ancien combattant et ancien militaire, il est également membre de l'amicale du 27ème BCA et de l'UNC-Alpes.

Avant-propos

Bonjour à tous amis lecteurs,

Je sais ! Encore un livre sur le développement personnel, mais croyez-le ou non, celui-ci est totalement différent des autres, car il a un attrait à la fois spirituel et hors normes et vous comprendrez au fil des pages pourquoi je m'exprime ainsi.

« L'ami de l'âme » est un ouvrage à l'image de son contenu. Il n'est pas écrit comme les autres qui sont préformatés avec des chapitres et des parties , et il se découpe en « titres » et en « étapes» . Il vous invitera au travers d'histoires fictives que chacun peut créer, si vous êtes suffisamment inspirés et créatifs.

Vous risquez d'être un peu perdus au début, mais ceci est volontaire . Perturbant et captivant, bienvenue dans l'univers tel que je le conçois, un univers où se rejoignent le réel et l'imaginaire, la folie et la raison.

Spécialisé sur le sujet de la nature humaine, je vous explique tout le mécanisme de ce qui constitue ce que l'on pourrait appeler « le monde intérieur ».

Chaque auteur dispose, bien entendu, de ses propres méthodes pour l'expliquer, mais en voici une nouvelle qui va certainement vous surprendre, vous choquer au premier abord, mais avec un peu de recul, et en réfléchissant bien, au fil de cette étrange aventure que vous allez vivre, vous connaîtrez enfin la véritable nature profonde de l'humain, et remettre un peu en cause tout ce que vous avez appris jusqu'à présent.

« L'ami de l'âme » ouvre une nouvelle extension des possibilités de l'esprit qui va bien au-delà de ce que je pourrais appeler « les conventions » (je vous expliquerai ceci plus tard).

Après cette lecture, vous ne vous fierez plus à ce que vous verrez, entendrez, ou croirez. Il ne s'agit pas d'un lavage de cerveau, d'autres s'en sont déjà chargé à ma place. Vous êtes déjà les victimes d'un système de fonctionnement qui n'est pas en accord avec votre être profond.

« L'ami de l'âme », vous donnera à réfléchir, à réagir, même si son contenu peut sembler polémique, il y aura des fonds de vérités que j'aimerais que vous exploitiez.

Comme je le dis sans arrêt, méfiez-vous des apparences, et en connaissances de causes, vous disposez d'un véritable plan qui vous aidera à découvrir bien plus qu'une simple lecture.

Dans un joli écrin, il y a un diamant, et vous l'avez presque entre vos mains, mais avant cela, il y a encore du chemin à parcourir et suivre les indications. Je ne dis pas que cela sera facile, mais il suffit des fois d'une simple lanterne pour éclairer sa route en quête du précieux, c'est le chemin d'un très grand héritage qui vous attend pour ceux qui sont perspicaces.

Je vous demanderais juste une chose, c'est d'avoir l'esprit très ouvert, et vous découvrirez que le monde dans lequel vous vivez n'est pas celui que vous croyez, vous distinguerez mieux le faux du vrai et vous serez capable de faire vos propres choix quant à la suite des événements de votre vie.

Je vous souhaite à tous une très bonne lecture, et aussi que votre conscience s'ouvre enfin.

Amicalement,

Yoann MERITZA
Auteur spécialisé

**

Règle n°1

Pour vous faire remarquer, faites
quelque chose de différent !

**

Acte I
L'esprit

CE N'EST PAS PARCE QUE
TU AS RAISON, QUE MOI J'AI TORT.
C'EST JUSTE QUE TU N'AS PAS
LE MÊME POINT DE VUE QUE MOI.

L'épilogue

La nuit tombait sur Paris et je me souviens de mon arrivée ce jour en train, j'avais fait un très long voyage, mais ce n'est pas de celui-ci dont je vais vous parler, mais j'y reviendrai plus tard, ou à moins que vos sens aiguisés le comprenne assez vite.

La gare était bondée, des voyageurs qui se bousculaient dans un vacarme assourdissant. J'étais à quelques minutes de mon rendez-vous, peut-être avais-je fait tout ce voyage, dans le pli d'un silence troublant.

Il y avait des militaires partout, le regard accusateur accompagné de chiens qui s'étranglaient dans leur collier et qui menaient leur maître aux pas cadencés. La peur d'une attaque terroriste était encore omniprésente dans les esprits.

Ma montre indiquait 14h26 et je me suis dit qu'il était impossible d'être à l'heure, me frayant un chemin entre la foule, j'arrivais enfin à la sortie de cette gare et qu'il fallait courir.

Quel autre choix avais-je ? De plus qu'il pleuvait des cordes et je n'avais que mon costume et ma Gazette à la main. Rasant les murs et recherchant désespérément de quoi m'abriter, mon journal imbibé tombait en lambeaux sur le sol.

Mais enfin, j'arrivai à destination, ce fameux troquet dont m'avait parlé mon ami, je pousse la porte dans le tintement d'une cloche assez archaïque. Il a suffi de ce seul son pour que toutes les têtes se détournent, les personnes dans ce bar donnaient le sentiment de se sentir coupables.

Mon simple bonjour faisait écho comme dans une exposition de statues au regard figé et perdu, serait-ce l'alcool qui les avait imbibés ?

Je n'eus pas le temps de m'asseoir que le patron du bar me demanda ce que je voulais boire, et à peine la commande effectuée de deux cafés que mon ami arriva au bar. La rencontre se solda par des excuses de son retard, alors que je croyais le contraire, mais se justifia de la présence de policiers et de militaires qui fouillent toutes personnes dans la rue, de peur d'une nouvelle attaque terroriste.

Quelques jours auparavant, un bureau avait explosé dans le centre de la ville, emportant dans ses cendres quatre personnalités importantes, et il faut dire que c'était plutôt tendu en ce moment.

Longuement, nous avions discuté au sujet d'un livre, et il faut dire qu'entre auteurs, les discussions tournaient souvent sur ces sujets, mais aussi de l'actualité, car nous aussi, nous avons un quotidien.

Il sortit de sa sacoche une pochette remplie de manuscrits qu'il me tendit, et je lui demandais de quoi il s'agissait. Alors que « L'épilogue » se vidait (c'était le nom de ce bar parisien), un calme étrange envahissait cet endroit plutôt tendu.

Il me disait qu'il était sur un nouveau projet et il voulait ma participation pour le finir, une collaboration entre deux auteurs, mais je n'étais pas très avenant d'accepter sa demande pour la simple raison que je travaille souvent seul.

Il me dit alors :

« Yoann, cela fait maintenant, longtemps que l'on se connaît ! Je sais que l'on s'est perdu de vue pendant très longtemps, et maintenant que tu es à l'éveil d'un nouveau jour dans ton existence, il me plairait de me joindre à toi pour continuer à écrire ce livre. »

Le concept qu'il me présenta était le suivant, il voudrait créer une histoire fantastique autour de mon domaine de prédilection, le développement personnel.

Je lui répondis :

« Très cher ami, j'apprécie pleinement ton enthousiasme et ta volonté de vouloir faire un livre en commun. J'apprécie que tu aies pensé à moi, mais laisse-moi le temps d'y réfléchir. »

Sur ces mots, il me tendit un manuscrit incomplet qui se terminait à la page 21 qui s'intitulait « L'ami de l'âme ».

Pourquoi me donnait-il quelque chose d'inachevé ? Pour que moi je puisse finir l'histoire.

Je pris le manuscrit et le mis dans ma poche de veste, le temps changeait, dans les deux sens du terme car il y avait de l'agitation à l'extérieur et qu'il n'était pas opportun de sortir maintenant, malgré une éclaircie du temps.

Soudain, un fracas me fit sursauter, c'était l'une des vitres de « l'Epilogue » qui venait d'exploser sous l'effet d'un projectile. Des coups de feu et des cris devenaient plus forts *encore, et beaucoup me diront que nous vivons une drôle d'époque...... drôle....... Je ne crois pas que ce soit le mot approprié, je dirais que c'était plutôt dur de se sentir menacé d'une attaque à tout moment, et les temps étaient durs en cette saison d'automne 1943.*

Certains se demanderont comment j'ai atterri à cette époque, et je leur répondrai que c'est grâce à un événement qui s'est produit un peu plus loin dans ce texte, mais ne cherchez pas ! Vous ne le trouverez pas ici présenté, car comme toute histoire, tout a un commencement, et il n'est pas au début de ce livre.

Laissez-moi vous raconter une histoire fabuleuse, un univers à mi-chemin entre le réel et l'imaginaire, rempli de magie, celle qui se trouve en chacun de nous.

Longtemps je me suis demandé « Comment j'allais écrire un tel livre ? », et il n'est pas dans mes habitudes de raconter une histoire fantastique en conjuguant le développement personnel, et j'ai voulu en faire quelque chose de ludique, impactant votre esprit.

Alors, je vous dis à tous « bienvenue dans mon univers ! », celui du possible, qui vous donne le pouvoir d'être qui vous voulez et quand vous le souhaitez .

Comme je le disais, ce livre est à la limite entre le réel et l'imaginaire et vous invite à redevenir enfant l'espace d'un instant.

Oubliez ce que vous avez appris jusqu'à présent et laissez vous embarquer dans ce merveilleux voyage fantastique mêlant le rationnel et le déroutant.

Et si vous avez été perturbé par mon imagination débordante, cela vous laisse présager la suite des événements.

Notre manière de pensée est issue d'une succession d' images qui ont défilé dans notre vie, il y a une forme de neuro association entre un mot, une forme, un événement, et l'information qui sont liés à ce je viens de citer, tel « l'Epilogue » qui n'était qu'un titre et le nom d'un bar, que vous avez associé tout naturellement à « la fin d'un livre » et l'année de mon histoire qui a chamboulé tout le contexte, que vous avez cru être en rapport avec les événements actuels liés à la parution de ce livre, mais aussi des éléments que vous avez occultés dès le début, et que vous comprendrez par la suite, je l'espère pour vous, dont le nom de mon ami que vous connaissez tous, même si cela peut vous surprendre, car il est commun.

« L'ami de l'âme » prend toute sa saveur dans l'imaginaire, et dans le fond, qu'est-ce que l'imaginaire ? Mais pourtant, et malgré les apparences, il s'agit bel et bien de développement personnel (sous une autre forme je le conçois). Je le décrirais comme quelque chose de très « spirituel », « subtile », « profond », ne vous fiez jamais aux apparences !

Votre intellect va être mis à rude épreuve dans ce jeu de piste, dont le héros principal n'est pas celui que vous croyez, et tout ce que je peux vous dire, c'est qu'il est bien plus près de vous que vous ne pouvez l'imaginer.

Pour finir, vous trouverez des réponses à vos questions, et une en particulier, si vous faites preuve de discernement :

« Qui êtes-vous vraiment ? »

Je vous laisse méditer là-dessus, entre les lignes, et n'oubliez jamais cette règle essentielle :

« Ne vous fiez jamais aux apparences !elles sont trompeuses ! »

"Viatorem"

Ce que vous allez découvrir maintenant est issu d'une histoire vraie, et même si tout vous semblera impossible, cela s'est vraiment produit, er j'espère que vos esprits affûtés comprendront le déroulement et le but de celle-ci. Cela s'est passé il y a très longtemps, mais quand je dis ceci, cela semble assez relatif, vous allez comprendre pourquoi un peu plus loin.

Cette histoire est un grand mystère que personne à ce jour n'a pu résoudre. Elle fut contée pour la première fois en 1984 par le petit-fils de François.

L'aventure, comme toutes celles de même nature, débuta en avril 1897 près de Verdun où un jeune homme jouait avec son petit frère. Ces deux têtes blondes couraient dans les champs de maïs, malgré que leur père leur ait interdit d'y aller.

Soudain, le plus jeune disparut si rapidement que l'ainé, n'eut même pas le temps de se retourner, juste le réflexe de le faire après le bruit de craquement du sol, étouffé par les feuillages du maïs. Que s'était-il donc passé ? En un instant, le fils cadet s'était retrouvé un étage plus bas après le sol, et ses pleurs ont alerté le plus grand des deux.

Il se précipita dans ce qui semblait être une galerie souterraine ou une cachette secrète, et il y avait des piles de caisses remplies de vieux manuscrits avec des inscriptions assez étranges.

« Viens m'aider, j'ai peur ! » disait le plus jeune.

« Ne t'en fais pas ! Tiens le coup ! Je vais chercher de l'aide ! » répondit l'autre.

En grandes foulées, il courait rejoindre la maison familiale, et en un rien de temps, il se trouvait à l'entrée, complètement essoufflé. Il entra dans la pièce principale où se trouvait leur père, un homme au caractère dur, de bonne éducation, renforcé par le travail dans les champs et auquel rien ne fait plus peur. Il lisait un livre, ses lunettes posées sur le bout de son nez, assis sur son fauteuil en velours brun.

Il regarda son plus grand fils et posa la question suivante :

P « Hé bein mon p'tit, te voilà bien pâle, que t'arrive-t-il ? »

alors, le fils répondit avec le souffle court :

F « C'est…..c'est…..H'enry.. »

P « Qui a t'il avec Ton jeune frère ? Vous vous êtes encore disputé ? »

F« Non…...ce n'est pas….ce n'est….. »

P « Enfin François, fais des phrases compréhensibles, car même mes oreilles ont du mal à recomposer ce que tu essaies de me dire ! »

F « C'est Henry…..il est …...il est tombé dans un trou »

P « Comment ça ? Explique-toi plus clairement ! »

F « Il est…..dans un trou…...dans le champ»

Le père soupira, et comme un vieillard, il s'appuya sur les accoudoirs de son fauteuil et d'un air assez vif, il sermonna son fils :

P « Bon sang, mais combien de fois devrais-je vous le dire ? Je vous ai formellement interdit d'aller jouer dans les champs de maïs, et voilà ce qui arrive quand on ne m'écoute pas ! Vous ne savez pas quels dangers vous encourez ! »

F « Mais papa ! Je ….. »

P « Dis-moi seulement où est Henry, je ne veux rien savoir d'autre, et nous reparlerons des sanctions plus tard, en attendant, montre-moi où il est tombé ! »

Sur ces mots, le père prit une corde et deux lampes à huile et avec son fils, se rendirent sur le champ où Henry avait disparu.

Le terrain à couvrir était immense, et François ne se souvenait plus précisément ou lui et son frère cadet s'étaient perdus de vue.

La nuit arriva dans des cris d'appel :

« HENRY……HENRY…… OÙ ES-TU ? »

Tout d'un coup, un son lointain se fit entendre ! c'était Henry !

H « Je suis là papa ! »

Pierre (c'était le nom du père des deux enfants) accourut jusqu'à ce que les cris deviennent de plus en plus fort.

Il retrouva le trou où Henry était tombé, et en se rapprochant doucement de cette cavité, il éclaira le fond et vit son petit dernier, recroquevillé sur lui-même, effrayé et tremblant ! Henry leva la tête et s'exclama :

H « J'ai cru que vous ne me retrouveriez jamais ! »

P « On est là ! Tiens bon mon petit ! «

À ces mots, le frère ainé amena la corde pendant que son père éclairait cet endroit plutôt sinistre.

P « Descends fiston pendant que je tiens la corde ! »

François enroula la corde autour de sa taille et commença la descente dans cette salle souterraine. Puis rejoignit son petit frère.

F « Ça va Henry ? Rien de cassé ? »

H « Non, mais j'ai eu si peur ! Il y a quelque chose qui ne va pas avec cet endroit ! »

Sur ces propos, François explora cette cavité. Il y avait les caisses évoquées plus haut, mais aussi, elles avaient des inscriptions en allemand, des pièces d'artillerie, des fusils et des casques, et cet environnement semblait étranger aux deux jeunes explorateurs en herbe.

Dans une petite boîte déposée au-dessus de ces caisses, il y avait des lettres écrites en allemand.

Leur père n'entendant plus rien s'écria :

P « Vous allez bien ? Pourquoi mettez-vous autant de temps à remonter ? Il se fait tard ! Remontez tout de suite ! »

F « Tout va bien ! Juste que...... attends quelques minutes, on arrive ! »

Alors qu'il prononça ces mots, François éclaira un recoin de la pièce, et ce qu'il vit lui faisait froid dans le dos. Il y avait une inscription sur le mur, comme écrit en lettres de sang.

F « Papa! Tu sais ce que veux dire "Vorsicht vor dem Reisenden!" ? »

P « C'est de l'allemand! Du moins ce dont je me souviens de la guerre de 70 (conflit franco-prussien), cela veut dire « méfiez-vous du voyageur», maintenant, remontez! Vous me faites peur maintenant et je n'ai pas envie de me fâcher!»

Après ces quelques mots, il se disait en lui-même:

« Bon sang, je vais aller les chercher!»

et il descendit les rejoindre.

Et là, ce fut la stupeur! Il reconnut une vieille cachette militaire, mais quelque chose n'allait pas avec le contexte, car il y avait des bâtons en forme de presse-purée dans ces caisses, et ce fut de plus en plus mystérieux, mais il était encore à mille lieues de se douter de ce qui allait suivre.

P « Mes enfants! Vous m'avez fait une de ces frayeurs, je m'impatientais en haut! Et quel est donc cet endroit?»

F « Nous pensions que tu le saurais »

En regardant de plus près, leur père prit une des lettres écrites en allemand qui se trouvaient dans une boîte. C'était une lettre d'amour d'après ce qu'il en a traduit.

Cet ancien militaire avait eu tout le loisir d'entendre des mots allemands durant la guerre de 70, et il put traduire son contenu:

« Ma bien-aimée; Je couche sur cette feuille ces quelques mots, et j'ai du mal à les écrire! Mes engelures me font souffrir, j'ai à peine la force de continuer et j'ai tant de choses à te dire!

J'ai aussi peur que le censeur m'empêche de te dire dans quelles conditions je vis, et j'ai tant envie de braver les interdits, très envie de te serrer dans mes bras, envie de fuir cet enfer pour te rejoindre. J'aimerais passer les fêtes de fin d'année avec toi mon amour. Nous attendons tous , mes camarades et moi, la fin de ce conflit, tant de brutalité, tant de cris et de souffrance, comment deux nations arrivent à s'entredéchirer? Comment des gouvernements en arrivent à interdire un crime contre son peuple, mais l'autoriser contre un autre? c'est un véritable carnage et j'ai peur, peur de te perdre pour toujours. Je ne suis même pas sûr de finir l'année 1916 bien que nous ne soyons qu'à quelques jours, et il serait merveilleux si…..»

P «1916 ????? » s'écria Pierre.

Ce lieu n'avait rien de normal, comment était-il possible qu'une lettre écrite près de 20 ans après se retrouvât entre les mains de cet homme solide ?

Cela a ébranlé ses croyances, il était stupéfait! Tellement qu'il en a oublié qu'il devait remonter, lui et ses enfants, car la nuit était tombée, et il n'y avait presque plus d'huile, mais prit quand même le temps de prendre cette boîte remplie de lettres avant de rejoindre la surface, et de marquer d'un piquet le lieu précis de leur découverte.

De retour à leur foyer, le père de famille emmena ses enfants se coucher. Cette nuit-là, tout était calme, et il en avait oublié de les sermonner pour avoir bravé ses interdits.

Il se rendit dans sa chambre à coucher, il regarda le contenu de la boîte qu'il avait trouvé un peu plus tôt dans cette salle souterraine. Ne voyant plus le temps passer et ne trouvant plus le sommeil, choqué de ce qu'il avait découvert, il éplucha plusieurs lettres, et au fond de cette boîte, il y avait quelque chose, une sorte de double fond.

Alors, curieux de découvrir ce qu'il y avait dessous, il prit son couteau, et avec la lame, ouvrit ce double-fond, et ce qu'il y avait derrière était un livre intitulé "Viatorem".

En feuilletant ce livre, Il fut surpris de constater qu'il était en français, mais l'auteur lui était inconnu, alors que les Allemands le détenaient et il découvrit une histoire hallucinante, du moins, pour le contexte de l'époque.

Ce que je peux vous dire de ce qu'il a découvert amis lecteurs, c'est une partie de ce livre se terminant par « …. méfiez-vous des apparences, elles ne sont pas ce qu'elles semblent être!», mais encore plus curieux, c'est que ce livre semblait traverser les années, il fut ébranlé par ce qu'il avait découvert dedans, mais la fatigue le gagna et il eut envie d'aller se reposer. Il faut dire aussi qu'il était déjà 23h et que ses enfants dormaient depuis un petit moment.

Pierre posa le livre dans la boîte sur la table de chevet, ouvert à la dernière page qu'il avait lue avant d'aller s'allonger sur son lit tel qu'il était vêtu.

Le jour suivant venu, Pierre fut réveillé par un étrange son qu'il ne connaissait pas, elle était étourdissante. Il ne reconnut plus rien de sa chambre, les murs étaient recouverts de papier coloré en bleu ciel qui semblait enlaidir la pièce, et s'aperçut aussi qu'il ne s'agissait pas de son lit, dont les couleurs faisaient contraste à son costume de laine.

Sa boîte trouvée la veille avait disparu, ainsi que tout le mobilier, il y avait à la place des meubles assez étranges dans des coloris qu'il ne connaissait pas, puis, s'approcha d'une curieuse boîte de couleur noire, avec des boutons et des chiffres, il y avait un écran, et cette boîte était faite d'un matériau inconnu, mais c'est de là que venait le son. Cet objet semblait bouger à l'aide de vibrations en même temps qu'une sorte de musique bizarre entonnait son chant.

P « Que diable est-ce cette sorcellerie? »

Il était aussi surpris qu'un enfant recevant son cadeau à Noël, observa longuement l'objet avant de regarder autour de lui.

Tout ce qu'il possédait avait disparu de sa chambre, et celle-ci était remplie de choses qu'il ne connaissait pas.

Puis, il tenta d'appeler ses enfants, mais aucune réponse ne venait à ses oreilles. Mais ce qu'il ne savait pas, c'est que la maison n'était pas si vide que cela.

À l'étage du dessous, il y avait un couple avec leurs enfants, et ils se sont figés sur place, au moment du petit déjeuner. Ils avaient entendu un étranger qui criait d'une voix forte.

Pierre, intrigué de ce silence descendit en vociférant:

« Sacré bon sang, que se passe-t-il ici, et pourquoi personne ne me répond ?»

Sur ces mots et en descendant les marches de l'escalier, il eut la même surprise que les autres habitants de ce lieu.

Ce qu'il se passa par la suite a été tenu secret jusqu'à ce jour, pour cela qu'il n'y a aucune trace écrite ou vidéo relatant ces faits. Tout ce qu'il subsiste de cette histoire a été transmis de bouche à oreille.

D'après les dires de Sylvie, âgée aujourd'hui de 46 ans, un homme, en tenue d'époque, s'était introduit chez eux, c'était en 2007. Ils ont appelé la police et l'individu a été embarqué pour violation de domicile.

L'homme en question s'est défendu de dire qu'il était chez lui et qu'il s'appelait Pierre Dumont. Mais tout ce qu'il a récolté est qu'il a été reconnu comme fou et interné, et à ce jour, âgé maintenant de 54 ans, il clame encore qu'il vient d'une autre époque et qu'il s'appelle Pierre Dumont.

Il n'y a malheureusement plus aucune trace permettant de démontrer qui il était vraiment. Aucune pièce d'identité, pas de vêtement de marque, aucun indice, c'est comme s'il n'avait jamais existé. Juste ce qu'il avait sur lui, un costume de laine noire, un gilet assorti, une chemise blanche et des chaussures en cuir.

Le petit-fils de François, fils de Pierre, est décédé d'un cancer en 2003, mais il connaissait cette histoire de disparition mystérieuse. Et c'est son épouse, Myriam, qui me révéla son histoire bien que suspecte.

Le lieu où Henry était tombé n'a jamais été retrouvé, et des années se sont écoulées. Et entre-temps, vous le savez, il y eut deux conflits en 1914-1918 et en 1939-1945. Le champ de maïs n'a pas survécu aux premiers bombardements de la Première Guerre mondiale, transformant ce vaste terrain en un amas de terre battue. Les temps furent difficiles pour la famille de Pierre, laissant deux enfants orphelins, n'ayant plus de mère, car elle était décédée quelques années plus tôt d'une très longue maladie.

Peu de temps après, François et Henry furent pris en charge par leur oncle, qui s'installa avec eux dans la maison, et reprit l'exploitation agricole, qui continua jusqu'aux premières heures sombres qu'allait connaître le pays.

Le terrain, après les conflits, a été abandonné, il était devenu difficile de cultiver quelque chose là-dessus. On peut aujourd'hui y voir les mauvaises herbes, les ronces, ou des orties qui ont pris possession de cette surface irrégulière, les bombes l'ayant modelé.

De son côté, Pierre, sous l'effet des médicaments, agite sa tête d'avant en arrière et continue de marmonner des phrases sans queue ni tête:

« J'étais dans ce livre! J'y étais depuis le début…...j'y étais encore! jusqu'à la page 43……………..;…….Viatorem…………

...L'épilogue........L'ami de l'âme.........ce n'est pas normal ça!.......Viatorem!»

Je ne le dirai jamais assez dans ce livre, méfiez-vous des apparences, elles ne sont pas ce qu'elles semblent être!

La pensée ne vous est pas réellement propre, elle réagit en traitement des informations en positif et en négatif, tout comme un programme informatique qui utilise le code binaire, même si son fonctionnement n'est pas tout à fait pareil. Elle prend l'information, l'analyse et la traite en fonction de sa compréhension neuro associative.

La pensée accepte ou rejette l'information, et cela, selon les informations issues de votre paradigme.

Par exemple, imaginez que vous êtes dans un groupe d'amis, celui-ci vous demande si vous allez accepter tel ou tels individus à le rejoindre, alors se pose une contrainte par rapport à l'image que vous voulez donner.

Au sens le plus strict, il faut dire que ce groupe d'amis est très dur et qu'il ne tolère pas que vous pensiez différemment d'eux, mais vous feriez tout pour rester avec eux, même s'il s'agit de faire souffrir, ou devenir sélectif par rapport à cet ou ces individus voulant rejoindre le groupe.

Et c'est là que tout rentre en scène, et je dégrossis ce processus. Cela est très subtil en apparence, car si vous suivez les pensées de vos amis, vous n'êtes pas libre des vôtres, et pourtant, dans la vie de tous les jours, vous êtes suiveur. Demandez-vous pourquoi vous faites tel ou tels choix, est-ce de votre plein gré et en pleine conscience, ou est-ce que l'on vous force un peu la main pour suivre les standards communautaires ? D'une certaine manière, vous faites un choix inconscient, celui de suivre les autres que vous en oubliez d'être vous-même, avec ses différences et ses extravagances.

La réalité est la suivante, vous ne suivez pas votre pensée propre, et vous avez juste l'illusion de le faire, et vous êtes dans un système appartenant à la conscience collective et vous n'acceptez pas votre nature profonde, votre extravagance, par peur du rejet ou de la moquerie.

Et si être différent était votre vraie nature ? Au lieu de suivre le dictat de l'effet de masse. Alors demandez-vous pourquoi vous aimez certaines choses et d'autres non, est-ce réellement votre choix ?

C'est pour cela que je n'insisterai jamais assez en vous disant de ne jamais vous fier aux apparences, elles ne sont pas ce qu'elles semblent être, et ce que vous croyez est-il réellement ce que vous voulez ?

Si pour l'instant l'histoire n'a aucun sens, il en aura si vous suivez les pages de ce livre, laissez seulement les éléments se mettre en place !

**

Règle n°2

Ne jamais se fier aux apparences

**

Le vide grenier

Vous vous demandez sans doute comment ai-je connu Myriam ?

C'était il y a quelques années de cela, lors d'un vide grenier. J'étais en train de chiner de stands en stands, regardant des bibelots sans intérêt. Il y avait des vases, des disques, des tableaux , des jouets, et toutes autres vieilleries que peu de personnes s'encombreraient.

Toutefois, mon attention fut portée sur un vieux livre. Il était hors d'âge, usé, abimé, et les écornures des feuilles étaient devenues arrondies. En le prenant dans mes mains, il semblait tomber en morceaux, la reliure était détachée des pages qui avaient perdu de leur fraicheur, et tout était à restaurer.

Chose curieuse aussi, le nom de l'auteur de ce livre était identique au mien, intérieurement, j'en faisais une fierté de me dire « Je suis l'auteur de ce livre (dit en plaisantant!), et j'ai pensé qu'il serait intéressant de le restaurer, car j'aime conter des histoires et celle-ci était intéressante, elle parlait, de ce que j'ai pu en déchiffrer d'un étrange personnage qui s'appelait « Viatorem » (comme le titre du livre).

D'après ce que je sais, en ayant forcé les yeux sur les caractères décolorés par le temps, il s'agit d'un voyageur qui ne connaît ni temps ni espace qui trouve refuge dans l'être et qui crée des réalités alternatives .

Pour lui, l'imaginaire et le réel n'existent pas, mais il fait pourtant la jonction entre les deux.

« Viatorem » est un personnage tout ce qu'il y a de plus vrai, je peux vous le garantir, même si vous ne me croyez pas pour l'instant, mais ça va venir ! Vous en arriverez à vous poser la question suivante :

« Tout ce qu'il y a dans ce livre est-il la réalité, et suis-je juste une imagination ? »

Laissez-moi vous dire ceci :

Peut-être est-ce vous qui ne faites pas partie de ce monde, et vous n'êtes rien de plus qu'un personnage dans un livre ! Et en ce moment, quelqu'un lit vos aventures !

Vous avez peut-être le sentiment d'être réels, de bouger, de respirer, mais il est possible que vous ne soyez que la création d'un esprit qui vous donne l'impression d'évoluer dans votre réalité.

Peut-être qu'il vous arrivera la même chose que Pierre, un pouvoir est présent dans ce livre, et vous vous réveillerez, vous verrez un nouveau lieu, dans une autre époque, mais pour le moment, ce que vous vivez n'est qu'une illusion de votre esprit. Mais peut-être que ce sera ce nouveau lieu qui sera encore une illusion.

Le problème dans votre soi-disant réalité, c'est que vous l'avez acceptée comme telle, assis sur votre chaise, votre fauteuil ou votre canapé, sous un arbre ou adossé à un mur, il y en a même qui feuillettent les pages de ce mystérieux livre dans une boutique, et je vous dis « Ce n'est pas bien ! Reposez ce livre ou achetez-le ! »

C'est ce que m'a dit la vendeuse du stand qui me voyait prendre le livre et qui me disait ensuite « si vous le prenez, cela ne vous coûtera que 10€ ».

Intéressé, je lui demandais où elle avait eu ce livre.

La vendeuse me raconta une drôle d'histoire, ce livre appartenait à son époux décédé, il l'avait hérité de son père, qui l'a lui-même eut de son père François.

Elle me raconta une histoire étonnante, celle d'une famille ayant connu un grand malheur.

Vous connaissez le début de cette histoire que je vous ai contée un peu plus haut, mais ce qui se passa ensuite va vous glacer le sang.

En ce matin d'avril 1897, deux frères se réveillèrent dans un calme inquiétant, leur père ne les a pas appelés, lui qui d'habitudes rouspéta après eux pour qu'ils se lèvent.

Il y avait un silence de mort, seul le tic-tac d'une pendule avait tout le loisir de s'exprimer.

Inquiets, les deux enfants allèrent dans la chambre de leur père, mais il n'y était pas !

Sur la table de chevet, dans un carton, il y avait un livre ouvert à la page 43 qui raconta une histoire plus qu'extraordinaire, celle d'un homme portant le même nom que leur père, s'étant réveillé dans le futur. Mais en regardant les pages en arrière, ils furent choqués ! Ils refermèrent le livre car il parlait de ces deux frères et de leur père, tout y était !

Le champ de maïs, la cavité souterraine, tout était cité tel qu'ils l'ont vécu.

Ils voulurent garder le secret de cet événement, car ils trouvaient ce livre trop dangereux et n'ont jamais été plus loin dans le texte, imaginant une forme de sorcellerie à l'intérieur.

Toutefois, ce que l'un d'eux a fait, c'est d'écrire une lettre destinée aux personnes qui habiteraient la maison dans le futur, et de le déposer dans un endroit sûr, à l'abri des outrages du temps, c'est ce qu'il croyait, car à ce jour, la lettre n'est jamais arrivée à destination.

La boîte avait été entreposée dans le grenier avec le livre à l'intérieur, mais les lettres ont été détruites, car, quel intérêt de garder du courrier en allemand ?

L'histoire a été transmise de génération en génération, comme un héritage de famille , et le livre s'est retrouvé sur un stand dans un vide grenier.

Pourquoi elle le vendait ? Tout simplement parce que, tout comme de nombreuses familles, elle voulait arrondir sa fin de mois à cette période, et qui plus est, il y avait trop de souvenirs douloureux liés à son conjoint décédé. De toute façon, il était fichu, et garder ceci dans son appartement était très malsain, ayant pris la moisissure sur la couverture. Elle avait de l'Hasme et ne possédait même pas d'animaux chez elle !

Comment s'est-elle retrouvée en appartement ? Peu de temps après le décès de son conjoint, elle rencontrait déjà des difficultés financières, et que la seule façon pour elle de s'en sortir était de mettre la maison de son époux en vente.

L'activité agricole du domaine familial ne porta pas chance ni aux enfants de Pierre, ni au restant des générations, le maïs ne poussait plus, la terre était devenue incultivable, comme si elle était sous le coup d'un mauvais sort. Deux guerres étaient passées par là, traçant des sillons de sang et de souffrances.

La famille de Pierre s'est accrochée jusqu'au bout pour maintenir le domaine, ils l'ont fait par la sueur de leur front, en trouvant d'autres emplois en tant qu'ouvriers agricoles. Mais les événements n'étant pas comme on les aimerait, le terrain fut abandonné. c'était devenu une fosse commune due aux événements que tout le monde n'oublie pas.

Ce qui explique pourquoi la lettre de François destiné aux futurs propriétaires n'a jamais été retrouvée, car non seulement, elle était dans un endroit tenu secret, et tous ceux de la famille étaient au courant de ce courrier, mais, par la force des choses et pensant rester longtemps jusqu'en 2007 (date citée dans le livre « Viatorem »), elle n'a pas pu être révélée au grand jour. Mais comme je le disais, les événements ne sont pas toujours ce qu'ils semblent être, vous le saurez prochainement !

Un détail encore concernant tout ce que je viens de vous énumérer, car je ne vous ai pas tout dit, il y a eu aussi un grand secret de famille. Un événement qui s'est produit très exactement le soir du 16 mai 1984, un peu avant que le petit-fils de François raconte son histoire, et d'ailleurs, quelle était cette histoire ?

En dehors de tout ce que je vous ai dit jusqu'à présent, je vous ai mis dans le contexte, quelque chose a poussé le petit-fils de Pierre à s'exprimer.

Un soir, il était avec sa femme en train de souper, la télé allumée sur « Antenne 2 » (France 2 de nos jours). Il pleuvait des cordes ce soir-là, et la foudre faisait scintiller les ampoules de la salle à manger.

Dans cette même soirée, quelqu'un vient frapper à la porte en criant :

« Ouvrez-moi s'il vous plaît ! Il y a quelqu'un ? »

Myriam demanda à son mari d'aller voir qui c'était, et sur ces mots, l'homme se leva.

Il arriva à hauteur de la porte d'entrée et demanda :

« Qui est là ? »

et derrière la porte, on lui répondit !

« Ouvrez-moi s'il vous plaît, j'ai quelque chose de très important à vous dire ! »

Sur ces mots, l'homme s'exécuta et ouvrit la porte. Un vent glacial s'engouffrait dans les pièces de la maison, et dans le fond, Myriam, sa femme demanda de fermer la porte.

Son mari dit à l'étrange inconnu :

« Allez-y ! rentrez ! Vous allez chopper la mort, surtout dans cette tenue ! ».

L'étranger rentra dans la demeure, l'air complètement perdu, il était choqué, comme s'il venait d'avoir un traumatisme, et il s'agitait sur place. Il raconta à l'homme qui il était, d'où il venait, pendant que la pluie dégoulinait sur le parquet.

« Mon Dieu ! « s'écria l'homme « laissez-moi vous apporter de quoi vous sécher et vous habiller plus chaudement, et vous me raconterez tout une fois que vous serez séché ! Et aussi, calmez-vous ! »

sur ces mots, l'homme cria à sa femme

« Myriam ! Nous avons un invité ! Rajoute un couvert ! »

Il alla chercher une serviette et des vêtements chauds, bien qu'un peu grands, mais c'était suffisant pour que l'étranger grelottant se réchauffe un peu !

Ensuite, cet inconnu se joignit à la table de ses convives, et dégusta un bon repas, et s'exclama :

« Je n'ai jamais mangé quelque chose d'aussi bon ! »

Et le mari de Myriam répondit :

« Vous pouvez féliciter ma femme, c'est elle qui l'a fait ! Mais revenons à vous ! qu'est-ce qui vous amène ici à une heure aussi tardive ? »

Dégustant un succulent repas, il disait la chose suivante :

« Vous allez me prendre pour un fou si je vous raconte mon histoire ! Le plus simple est que je vous le montre ! »

« Nous montrer quoi ? » rétorqua le conjoint de Myriam.

Sur ces mots, il demanda s'il pouvait sortir de table car il avait quelque chose à récupérer dans ses affaires, il partit dans la salle de bain, et dans sa poche de veste, il y avait un livre qu'il emmena avec lui dans la salle à manger rejoindre ce couple.

« Un livre ? » questionna le mari « Et qu'est-ce qu'il a de particulier ce livre ? »

sur ces mots, l'invité l'ouvrit à la page des mentions légales où il était noté :

décembre **19 – droits réservés

Il s'agissait pour l'homme de l'année 1919, mais les caractères étaient effacés par la pluie et répondit :

« Jamais entendu parler de ce livre ! l'ami de l'âme ? Mais qu'est-ce donc ? »

Et l'inconnu répondit :

« Il s'agit de l'année 2019, et non de l'année 1919 »

« C'est une blague ? » questionna l'homme

« Un livre écrit en 2019 ? Impossible ! »

« Je vous assure que oui ! Lisez-le ! »Répondit l'inconnu.

Le mari de Myriam s'exécuta, et en feuilletant le livre, bien que des pages furent collées par la pluie, il vit sa propre conversation avec cet étranger. Cela donnait l'impression de faire écho avec lui-même, alors qu'il n'en était qu'à la page 62, il referma le livre, sans chercher à savoir ce qu'il y avait ensuite, car il fut choqué de ce qu'il avait lu.

Mais vous, amis lecteurs, vous connaissez peut-être l'histoire.......puisqu'il s'agit de l'un d'entre vous. Vous la vivez en cet instant et quelque part, dans ces lignes, un nouveau personnage apparaît. Ce livre s'adapte, il *évolue et l'histoire peut encore changer, elle ne semble pas avoir de fin.*

Et quand je dis que celui-ci possède un véritable pouvoir, Ho que oui ! Vous pouvez me croire sur parole.

Je vais vous raconter une histoire fabuleuse, celle qui m'a poussé à un éveil spirituel, qui m'a laissé entrevoir un nouveau monde. Suivez-moi dans les étapes de cette aventure surréaliste et laissez-vous entraîner dans un monde incroyable, celui qui me concerne .....qui vous concerne.

Si vous vous sentez perdu dans ces lignes, rassurez-vous, c'est normal, car cela fait partie d'un immense puzzle qui va prendre forme au fur et à mesure que vous avancerez, et aussi, l'auteur n'est pas tombé sur la tête si c'est ce que vous vous dites !

Mais curieusement, l'esprit humain est un peu comme ce livre, avec une multitude de pensées qui se chevauchent, mais trouvant tant bien que mal une forme de cohérence. et aussi surprenant que cela puisse paraître, il s'agit bien de développement personnel, et j'ai bien étudié la situation avant de l'écrire.

Ce dont je vais vous parler, ce sont différentes figures de cas, retraçant toutes les subtilités de l'esprit humain, car c'est un être à la fois simple et complexe, qui a des attentes mais qu'il ne se l'avoue pas lui-même.

L'être humain a des attentes qui ne sont pas très claires, et pour vous donner un exemple, concernant ceux voulant appliquer la loi de l'attraction, il a des attentes qui sont en totale contradiction, cela manque de cohérence entre ce qu'il dit et ce qu'il pense, et des fois entre ce qu'il pense et......ce qu'il pense (vous suivez ?).

Son esprit ne sait pas précisément ce qu'il veut, un jour, il veut gagner au Loto, l'autre jour, il veut gagner une très grosse somme par un autre moyen. (ce qui n'est pas tout à fait pareil).

Pour cela, je vous demande d'être très précis sur ce que vous demandez à l'univers, quels sont clairement vos objectifs ? que voulez-vous faire dans la vie ? Imaginez qu'un de vos amis vous demande de l'aider à construire une cabane, et le jour d'après, une fois que quelques planches sont posées, il vous demande de construire un pont, vous lui répondriez « mais qu'est-ce que tu veux vraiment ? ».

Dressez un plan de route de ce que vous voulez réellement, et tenez-vous-en ! et l'univers répondra à vos attentes seulement si c'est réellement ce que vous souhaitez.

Si par exemple, votre travail ne vous plaît pas, est-ce-que vous voulez trouver le moyen d'avoir une très bonne sécurité financière pour arrêter votre activité (ou même créer la vôtre), ou est-ce que vous voulez évoluer dans votre travail ?

Voulez-vous gagner au Loto, ou gagner une très grosse somme d'argent ?

Comme ce livre qui, vous le verrez, est cohérent, soyez vous aussi dans la même optique. en clair, maintenez le cap vers vos projets sans en dévier, et soyez aussi têtu qu'un Breton, vous verrez, avec de la cohérence, tout viendra à vous, avec, je ne le cache pas de la persévérance.

Le passage

J'ai fini par acheter le livre à Myriam, et j'en ai payé le prix fort, mais la récompense qui allait s'ensuivre était grande, j'étais bien loin des 10€ que j'avais déboursés, mais il ne s'agissait pas d'argent. j'ai été entraîné dans un autre monde, dès que j'ai entamé la lecture de la partie intitulée « Le passage ».

C'est à partir de ce moment précis, au mot près, que tout a changé pour moi, c'est ici même que j'ai quitté ma réalité pour une autre remplie d'aventures, de péripéties, un véritable chemin vers l'irréel, le spirituel, et je ne sais pas si c'est moi qui ai choisi cette réalité, ou si c'est ce livre « vivant ».

En rentrant chez moi, fatigué de ma journée, je décidai de me faire un plateau télé, mais il n'y avait rien d'intéressant à cette heure-ci, il était 20h16, que des actualités avec des manifestations à Paris, des pompiers qui s'en sont pris aux forces de l'ordre. Je me suis dit que le pays allait très mal avec les manifestations de gilets jaunes dans la capitale, qui ont eu lieu quelques mois plus tôt, et on les entendait de moins en moins.

Mon assiette terminée, je pris le livre et le contemplai. j'étais installé sur ma chaise et regardai attentivement la couverture de celui-ci. Il y avait des gravures usées par le temps qu'il m'a fallu forcer sur la vue pour les voir, et je l'imaginais lors de sa sortie, très beau, attirant, et il y avait aussi ce petit côté magique, et je ne savais pas pourquoi je pensais cela..

Mais après ma journée à discuter de choses et d'autres avec les marchands dans les stands, et à déambuler dans les rues, mes jambes n'avaient plus la force de tenir sur elles-mêmes et j'avais attrapé une migraine.

Je me posai sur mon canapé, le livre sur mon ventre, puis j'entamai une longue sieste…..tellement longue que je ne savais même plus si je rêvais ou si tout ce que j'allais vivre était bien réel.

Ce fut comme un drôle d'éveil, et j'étais dans un champ qui semblait outragé par le temps. qu'est-ce que je faisais ici ? La tête me tournait et tout ce que je voyais autour de moi était à la fois nouveau et familier, ou du moins, tout laissait à penser cela, où est-ce que j'ai déjà vu cet endroit ? il y avait des champs à perte de vue, et au loin, il y avait des maisons qui me donnèrent une impression de déjà-vu.

Des oiseaux chantonnaient d'un air mélodieux, c'était un endroit calme et je me sentis apaisé.

Ne voulant pas rester sur place, j'avançai en direction des maisons, il y avait des chevaux et des vaches, et un peu plus loin, je vis un poulailler.

Je me rapprochai de l'une d'elles, le pouvoir de cette maison était attractif, comme si une force invisible me poussant juste devant cette porte d'entrée et je sonnai, et espérant que l'on m'ouvre, je vis quelque chose de familier, une voiture était garée derrière cette maison, je ne distinguais que l'avant mais il s'agissait bien d'une Renault Clio d'un modèle récent, peut-être de l'année 2010, mais en tout cas, cela m'indiquait que quelqu'un vivait ici.

J'entendis des talons frapper contre le carrelage, et peu de temps après, il y eut le bruit d'une clé dans la serrure. La porte s'ouvrit, et je vis une jeune femme qui me regarda bizarrement. Elle me demanda :

« Bonjour, en quoi puis -je vous aider ? »

alors, je répondis, un peu perdu que je voulais savoir où j'étais.

Elle me répondit :

« Vous vous êtes égaré ? »

Ne sachant pas trop quoi dire, et me souvenant de la raison pour laquelle l'endroit me sembla familier, ce livre que j'avais lu m'ayant donné des indices, je lui posai la question suivante :

Y « Suis-je bien dans la ferme des Dumont ? »

S « Oui, c'est comme cela que les gens du village l'appellent depuis longtemps! Que me vaut l'honneur de votre visite ? »

Alors, je lui racontai ce que je savais, qui était issu du livre que j'avais acheté quelque temps plus tôt. Et aussi, ce qui la convainquit, c'est l'histoire que je connaissais à propos de cet inconnu qui est rentré par effraction chez elle, mais étant resté longuement sur le palier pour lui donner mon récit, elle me fit rentrer dans la maison. Elle se présenta comme la propriétaire des lieux, elle se nommait Sylvie.

Devant une tasse de café, nous entamions une discussion au sujet de tout ce qu'il s'était produit, que pendant une période de l'histoire, cette maison était en terrain conquis par les Allemands à des kilomètres à la ronde. Elle a eu tout le loisir de connaître son histoire.

71

S « Vous savez, j'ai eu cette maison pour une bouchée de pain, et la femme qui l'a vendu était devenue veuve et n'arrivait plus à s'en sortir. J'eus vraiment de la peine pour elle !»

Je sais ce que vous vous dites en cet instant, il y a une cohérence dans mon récit, mais attendez de voir la suite, car elle est assez perturbante.

M'adressant à la jeune femme, je lui disais :

Y « Myriam, c'est bien ça ? »

S « Comment connaissez-vous Myriam ? »

Y «C'est elle qui m'a vendu un livre assez étrange intitulé ''Viatorem'' »

Soudain, la jeune femme devenait songeuse:

S « Viatorem…...Viatorem…...pourquoi je connais ce mot ? »

Elle se figea un instant et me parla de ce drôle d'individu qui était rentré chez eux en vomiférant

S « Ce type m'a fait très peur, à moi et ma famille ! Il avait des propos incohérents, nous parlant de « Viatorem », d'épilogue, de l'ami de l'âme……...il est à ce jour interné dans un hôpital psychiatrique ! »

Je demandais :

Y « Serait-il possible de le voir ? »

Et elle répondit :

S « Vous savez ? Si vous ne faites pas partie de la famille, ils ne vous laisseront pas rentrer pour le voir, et malheureusement, le pauvre homme ne dispose d'aucune famille connue, et ils espèrent qu'il retrouvera un jour sa lucidité et qu'il dira un jour qui il est pour qu'il retourne auprès des siens qui doivent se faire un sang d'encre.»

Mais ce que je savais à son sujet, c'est qu'il fait partie d'une histoire qui ne laisse apparemment aucun espoir de retour chez lui, à son époque, car ne l'ayant pas lu elle-même, elle supposa que ce n'était que pure coïncidence, et qu'après tout, ce n'est qu'une histoire dans un livre.

À ces mots, ma tête se mit à tourner, comme si j'étais encore sous le coup de cette mauvaise migraine. Que se passa-t-il à ce moment précis ?

Me faisant remarquer que je ne me sentais pas bien et que je devenais tout pâle, elle de dit que je pouvais m'allonger sur le canapé quelques minutes avant de repartir si je le souhaitais.

Il est peu courant qu'une personne propose ça à un inconnu, et prenant congé de la conversation et disant que je ne voulais pas la déranger, elle m'affirma que non, et que cela faisait partie de l'histoire.

Je lui demandais « pardon ? Quelle histoire».

Elle me répondit : « nous faisons tous partie d'une histoire, et que ce que je vivais était une vision d'une réalité qui n'est pas la mienne, nous ne sommes que des personnages dans un livre ! »

Y « Mais qu'est-ce qu'il se passe ? Pourquoi dites-vous cela ? »

S « Parce que nous n'existons pas ! Rien n'a jamais existé ! En attendant, je vais vous chercher un Doliprane. Reposez-vous un instant, je sens que vous en avez besoin ! »

Sur ces mots et intrigué, elle se dirigea dans une autre pièce. La lumière baissait en intensité, et tout me paraissait sombre, comme si la nuit venait de tomber, et tout d'un coup, j'entendis la femme me dire quelque chose qui me semblait lointain, un mot comme «revuitoi», et je répondis « Pardon ? »

Elle répondit « Révouilletoi », alors, je compris « débrouille-toi ! »

La voix était comme lointaine, mais de plus en plus forte, je sentis qu'on me poussait sur le bras, et tout d'un coup, cette voix semblait d'un autre monde :

« Hé ho ! Yoann, Réveille-toi, Réveille-toi ! RÉVEILLE-TOI ! »

Puis, tout doucement, j'ouvris les yeux, et cette voix devint plus claire. Il y avait ma compagne qui me regardait droit dans les yeux, j'étais encore allongé, et tout était sombre autour de moi. Une lueur provenant de la télé encore allumée sur RMC DÉCOUVERTE et dont le son a été coupé, et qui laissait place au doux tic-tac de la pendule.

« Que s'est-il passé? » demandais-je à Sophie.

S « Tu t'étais endormi tout habillé sur le canapé, je m'inquiétais de ne pas te voir te coucher dans la chambre ! »

Sur la table, je vis mon chat qui léchait le fond de mon assiette encore posée sur la table du salon, tout était calme, et je me suis assis sur le canapé à regarder la télé sans le son, alors, je le remettais pour écouter de quoi cela parlait.

C'était une émission intitulée « La France des mystères » qui parlait d'une découverte surnaturelle à Verdun. Des ouvriers de chantier avaient découvert des corps de soldats allemands ensevelis dans la terre. Cette émission disait qu'une pelleteuse avait ramassé des ossements humains en creusant dans un chantier destiné à un centre commercial.

Ils ont fait venir des experts d'Allemagne pour les identifier, et ils avaient fait le rapprochement avec des documents de l'époque. Mais de nombreux corps n'ont pas

77

pu être identifiés, seule chose connue, ils faisaient tous partie d'un mystère qui n'a jamais été résolu, car on ignore encore les circonstances de leur disparition, et pourquoi ils retrouvent ces corps seulement maintenant.

C'était le mystère de « la division fantôme », un nom bien sinistre donné à ce groupe d'hommes ayant disparu durant la Première Guerre mondiale.

Mais il existe un lien avec ce livre. Tout trouve sa cohérence dans cette suite d'événements qui deviennent de plus en plus précis. Cette histoire prend forme !

Est-il mieux de vivre seul sans le contact des autres ? Tout le monde vous le dira, et vous le savez sans doute, impossible, car c'est ce qui nous permet d'exprimer qui nous sommes, mais à la condition de ne pas trouver une identité chez eux, mais de rechercher sa propre identité. Ce que je veux dire par là, c'est qu'il est important d'être soi-même et peu importe où nous sommes et avec qui nous interagissons, ce qui l'est, c'est d'être authentique, sans chercher à être une copie conforme à la fois du monde qui nous entoure, et de ceux qui le peuplent.

Ce qu'il faut à l'homme, c'est cette capacité de revendication « d'être », et aussi, d'une manière plus subtile, c'est de s'adapter à notre univers tout en restant soi-même. Cela veut dire qu'il ne faut pas exprimer haut et fort cette différence qui va vous amener à une confrontation bloc contre bloc, votre nature profonde que vous choisissez de suivre, contre la société et ses travers qui ne vous conviennent pas !

Comme je l'ai déjà évoqué, dans ce livre comme dans d'autres, le monde est à l'image de ce que vous êtes à l'intérieur, c'est comme les deux pôles d'un aimant où les contraires se repoussent, et les semblables s'attirent.

Nous pouvons suivre le mouvement, sans brusquer, sans choquer en vivant selon nos codes, ses excentricités, sa créativité.

Dans cette partie, nous avons l'exemple de Pierre, qui affirme haut et fort venir du passé, mais il aurait mieux fait de s'adapter à son environnement, car le monde extérieur (son nouveau monde), n'accepte pas ce qu'il prétend être. Il faut voir le monde différemment et non tenter de le transformer, laissez-le venir à vous et n'allez pas le chercher ! Et si vous vous adaptez à cette réalité en la voyant autrement, cette différence viendra toute seule, et vous deviendrez ce que vous souhaitez !

La division fantôme

Au matin du 23 juin 2016 à Verdun, les ouvriers prennent leur poste sur le chantier d'un projet pour la construction d'un centre commercial.

L'un d'eux finit son café, après une discussion avec son chef pour savoir de quel côté il devait creuser avec sa pelleteuse. Le terrain était accidenté et marécageux, il y avait de nombreux talus et de creux, outragé par le temps qui a apporté son lot de violences et de morts, et les ouvriers le savaient très bien.

On entendait de loin les bruits des moteurs des pelleteuses et les « bip....bip.... » de recul, les compresseurs, il y avait des mains qui s'agitaient pour indiquer des directions à prendre, et certains criaient pour se faire entendre au travers de tout le bruit ambiant.

Tout d'un coup, quelqu'un criait aux ouvriers :

« ARRÊTEZ TOUT ! ARRÊTEZ TOUT ! »

L'un des responsables du chantier a demandé à tous les ouvriers d'arrêter de travailler au même moment.

Dans son godet, une pelleteuse avait extrait des ossements humains, et ils craignaient d'avoir découvert une scène de crime.

De nombreux coups de fil ont été passés en début d'après-midi aux autorités, la police scientifique demanda aux personnes encore présentes de quitter les lieux et de ne rien toucher. La zone fut sécurisée et balisée.

Au total, l'équivalent de 36 corps fut déterrés, mais seuls les experts pourront déterminer ce chiffre, n'étant basé que sur le nombre de crânes retrouvés, et les effets personnels, tels des casques, des fusils ou des morceaux d'uniformes ont pu aider à déterminer l'origine des corps, du moins, ils savaient où ils devaient orienter leurs recherches.

Des experts venant d'Allemagne furent dépêchés pour identifier ces corps, grâce à des documents d'époque, et une salle d'examen leur a été attribuée. Ce fut très long pour reconstituer chaque squelette, et encore plus pour leur donner un nom.

Il y avait bel et bien 36 corps, et certains squelettes manquaient d'éléments, un fémur, un avant-bras, des côtes...... et seuls 21 ont pu récupérer leur identité, grâce aux plaques d'identification, les restes ont pu être rendus aux descendants.

Le mystère resta complet quant aux 15 corps restant, car il n'y avait absolument rien qui permette de les identifier.

Le terrain devint une zone de fouilles archéologiques, des scientifiques étaient présents avec leurs petites brosses à enlever délicatement chaque grain de poussière, et passaient au crible tout ce qu'ils trouvaient, et il y eut des incohérences quant au lieu de la découverte.

En effet, ils ont également découvert des éléments remontant à l'époque napoléonienne, des sabres rouillés, des restes de ce qui aurait pu être une ceinture, et une plaque avec un aigle impérial. Et la conclusion qu'ils ont eus, était qu'il s'était produit des événements sur ce même terrain, à deux époques séparées et sans aucun rapport, c'était pour eux juste un concours de circonstances, du moins, en apparence.

Mais quand des prélèvements ont été effectués sur ces découvertes, ils ont voulu les dater au carbone 14, et ils furent étonnés, car ces deux événements en apparence sans aucun rapport, faisaient partie d'un même espace.......mais également d'un même temps, et il a été déterminé que tout ce qui avait été découvert avait la même ancienneté, aux alentours de 1800.....

Chose un peu troublante aussi, il y avait les restes de ce qui ressemblait à un boitier métallique qui sembla familier à ces chercheurs, un rectangle oxydé. Des analyses plus poussées ont révélé quelque chose. Après nettoyage et analyses au spectre, une inscription fut découverte, à peine perceptible, comme des lettres gravées, et ce qui était lisible était juste un A et NG à la fin.

L'un d'eux déclara « SAMSUNG ? »

Impossible criait l'un des experts, il devait y avoir une erreur, ou les prélèvements ont été contaminés.

Quelque temps plus tard, une équipe de journalistes ayant eu vent de cette découverte fut dépêchée sur place. Les autorités ont parlé des 21 corps déterrés dans une fosse, seulement 21, les informations étaient passés sous silence pendant quelques mois, avant que l'un des scientifiques ne révèle l'affaire au grand jour sur une vidéo postée sur Youtube.

Il avait le visage masqué et la voix trafiquée pour dissimuler son identité.

Spéculations ? Théories du complot ? Des informations circulaient sur la toile, et les commentaires allaient bon train, des fois dans des règlements de comptes puérils entre commentateurs pour démontrer qui avait plus raison que l'autre.

Toutefois, l'histoire ne s'arrête pas là ! Car, cette révélation ne fut pas passé sous silence, même pour les autorités qui ont tout fait pour retrouver ce scientifique qui avait vendu la mèche. Ils n'eurent pas trop de difficultés à retrouver la personne incriminée.

RMC DECOUVERTE était revenu sur ces événements surréalistes, ceux que j'ai vus sur l'écran de mon téléviseur, comme captivé par cette histoire. Il était 4h27 et je n'étais pas encore couché. j'étais devenu comme insomniaque, absorbé comme faisant partie de cette histoire.

Étrangement, peu après l'émission et regardant mon livre, je le découvris à mes dépens. Je le regardais à la dernière page que j'avais lue et je voulais en savoir un peu plus sur ma rencontre avec Sylvie.

Il y avait une forme de continuité en lisant la suite, et je me rappelai de ce que m'avait dit Sylvie, que nous faisons tous partie d'une histoire, et cela se confirmait dans les pages de « Viatorem ».

Drôle de coïncidence, car il parlait également de ceci au mot près, et j'étais entraîné malgré moi dans une drôle d'histoire qui parlait de cette division fantôme………..et de moi. qu'est-ce que je faisais dedans ?

Comme je le disais, et je l'ai appris au fur et à mesure de ma lecture, c'est que ce livre décide de tout, nous n'avons aucun contrôle sur lui, c'est lui qui nous possède !

Après avoir lu quelques passages, je suis allé me reposer. Il était 7h30 environ et c'est l'une des rares fois où je me couche au petit matin.

1802

Je dormais d'un sommeil profond, quand un vent froid envahissait mon visage. Il y eut comme des gouttes d'eau qui effleuraient ma peau, et celles-ci semblaient s'éterniser. Comme des masses étoilées sans brillance mais glaciales, le sentiment que je n'étais plus, mais que je demeurais en d'autres lieux aussi étranges que familiers.

Mes paupières s'ouvraient enfin et je découvris tout autour de moi une blancheur féerique accompagnée d'un ciel comme le sang, une magie hivernale qui ne faisait qu'illusion avec le contexte dans lequel elle se trouvait.

La mort régnait en maître, il avait envoyé sa faucheuse sur ce champ, où les mots ont laissé place à des cris , on distinguait à peine des gémissements de douleur juvénile qui semblaient étouffés par le bruit des canons.

Une peur soudaine s'empara de moi, mais où ai-je donc atterri ? C'était l'enfer ? Si c'est le cas, le diable brandit une baïonnette !

J'étais là, dans cet environnement, mes vêtements trempés, j'avais l'impression d'être sorti de la douche dont le chauffe-eau était coupé.

L'odeur de la chair en décomposition n'avait rien à voir avec celle d'animaux morts, je fis quelques pas dans ce manteau neigeux, et quelque chose semblait saisir ma cheville. C'était une main.....une main dissimulée en dessous de cette couche blanchâtre et froide.

Je n'avais jamais vu d'être humain mort, et je n'étais pas très enthousiasmé d'en voir un, et cette main me laissait présager de ce qu'il y avait d'autres.

au loin, je vis comme des ombres immobiles, comme pétrifiées telles des statues de glace, c'était des soldats, et sous la neige, je n'avais pas reconnu les uniformes, Ils semblaient français, et dataient d'un temps jadis ou l'envie de conquêtes était plus forte que l'amour de son prochain, car il n'y a point de coeur qui résisterait à un poignard.

Cette belle promesse faite par un empereur dont le ton enthousiasmé se mélangeait à de l'inconscience, mais quel goût amer avaient ces pauvres hommes transits de froid, s'ils avaient su ce qu'ils endureraient.

Bien qu'étrange, ce lieu froid, dont je connaissais l'histoire, m'en souvint une autre, sous la forme d'un bruit de mitrailleuse.

« Comment était -ce possible ? », il y avait cette division fantôme qui me revenait en tête, ces hommes égarés hors du temps, nous semblions frères dans de telles circonstances, nous étions les voyageurs du temps, mais tant de choses nous séparaient, la génération et la culture nous différenciaient.

Ceux-là, dont je ne comprenais pas un traitre mot de la langue germanique, semblaient faire des signes en ma direction, alors que l'on ne se connaissait point, et il y avait ce mots étrange , tellement proche ....Viatorem....

Ils crièrent ce mot en ma direction, mais est-ce vraiment moi qu'ils regardaient ?

« Viatorem.......Viatorem...... »   disaient-ils effrayés, mais je me rendis vite compte que ce ne fut qu'une illusion, et que leurs yeux humides par les flocons ne me regardaient point, mais quelque chose d'autre qui dépasse les lignes de cet ouvrage. ils avaient l'impression de voir un être invisible au-delà de ce simple passage, comme pour percer le ciel.

Je me suis retourné, et je l'ai vu, cet être qui avait les yeux rivés comme pour lire un livre, et c'était vous, inconscient et surpris, oui, vous ! Cette réalité n'existe pas, vous êtes juste une histoire dans un livre, tenu par des néo-prussiens, mais qu'avez-vous donc fait pour qu'ils aient autant peur ?

Tellement distraits par votre intervention, ils n'ont pas fait attention à l'arrivée massive de la quinzaine d'hommes brandissant baïonnette, ils n'ont même pas eu le temps de recharger leur mitrailleuse qu'ils ont dû faire front et combattre à armes égales, aux poings et à l'acier.

De tout ce temps, je suis resté au même endroit, à observer, j'étais trempé, mais le froid ne me faisait point grelotter, la scène à laquelle j'assistais était une rencontre avec ma première expérience de mort, ce fut comme un traumatisme, figé et apeuré.

Quand l'assaut fut terminé, je me suis quand même rapproché, mais pas très enthousiasmé de voir des cadavres. J'ai trébuché sur l'un d'entre eux me retrouvant au sol en face à face avec de la chaire froide et un regard vide.

Je me suis évanoui, et j'entendis comme une cavalerie qui allait lancer l'assaut, et c'est à ce moment précis que je me suis réveillé, toujours avec cette impression qui mélange *réel et imaginaire. La télé toujours allumée sur un documentaire retraçant l'épopée de la cavalerie française, les images étaient en noir et blanc, comme tiré d'un vieux film des années 1950.*

De tout temps, l'homme a été un combattant, mais pas dans le sens guerrier du terme. Il a toujours voulu contrôler les éléments, mais ce sont les éléments qui le contrôlent, et il rêve les yeux ouverts.

Se battre contre les éléments est un objectif vain s'il part dans les dérives spéculatives et défaitistes, car il se programme lui-même à l'auto-sabotage.

La seule issue est dans l'oubli de ce que l'être est , pour laisser place à des pensées nouvelles, hors du monde extérieur, car il est son propre créateur, et il peut tout avec de la volonté. Cela veut dire agir sans se soucier de ce que le monde extérieur (l'entourage et les connaissances) lui ont dit de dévastateur pour éprouver l'envie de passer à l'action, d'ailleurs, j'y reviendrai prochainement.

L'humain n'a pas perdu l'envie de se battre, car il ne l'a jamais eu, parce qu' il a appris que c'était trop dur, qu'il en était incapable dès le plus jeune âge, c'est le point névralgique de tout ce que l'être est censé être.

Qu'il est inutile de se battre sans plan de bataille contre un adversaire mieux préparé, et qu'il est inconscient de vouloir s'attaquer à tous les fronts, qui n'éclaircisse pas vraiment un seul but précis, fragmenté en d'autres qui sont hasardeux.

On peut gagner une bataille, mais pas la guerre , et aussi nous pouvons perdre l'une d'elles, ce qui également signifie en rien la défaite prochaine du conflit.

Seuls les objectifs clairs nous font avancer, et qu'il est plus courageux celui qui avance sur les pas qu'il a lui-même tracés, que dans le sillon des autres, ou en les créant dans un terrain mouvant.

Agissez toujours de la manière la plus limpide et la plus juste pour vous, sans écouter les à priori erronés de l'univers qui vous entoure, sans courir après le temps, prenez-le à vous concentrer sur ce que vous faites vers l'objectif, et non se concentrer sur l'objectif. Cela semble assez nuancé dit comme ceci.

La rencontre

Il était passé 14h15 quand je me suis réveillé, et j'étais seul dans mon appartement, enfin presque, il y avait mon chat qui dormait encore, et je me dis qu'il a bien de la chance de pouvoir se reposer, l'air serein et heureux, , se tournant et prenant presque des postures acrobatiques.

Tout était calme, juste le tic-tac de la pendule et quelques klaxons à l'extérieur. Ce n'est pas simple d'habiter au centre-ville, dans toute cette agitation, du haut de mon repère, je puis observer comme des milliers de fourmis qui courent tout le temps sans savoir où aller, et sans se soucier de savoir qu'un tout autre univers est possible.

Me préparant pour sortir affronter cette foule, et me frayer un chemin jusqu'à ma prochaine destination, à peine ai-je enfilé ma veste que la sonnette de la porte d'entrée se mit à retentir.

„Qui est là?" Demandais-je à cette personne derrière la porte d'entrée.

„Ouvrez s'il vous plaît!", c'est important" me répondit une voix qui résonnait dans le hall, „j'ai besoin de vous parler"

„et qui êtes-vous?"

„Un ami que vous connaissez très bien!"

devant cette insistance, et allant sortir de toute manière, j'ouvris cette porte qui me séparait de cet étranger, et me trouva face à lui.

Y « Je vous écoute ! Que puis-je faire pour vous ? j'ai quelques minutes encore, après, il faut que je file chercher ma compagne »

A « Pour cela, ne vous en faites pas ! Vous avez tout votre temps, je vous explique tout ce que vous voulez savoir sur le livre que vous possédez ! »

Y « comment connaissez-vous ce livre ? »

A « Je ne sais pas si vous allez me croire, mais figurez-vous que je connais la personne qui l'a écrit, puis-je m'installer quelques minutes pour vous expliquer tout ceci ? »

Y « Je ne comprends pas un traitre mot de ce que vous me voulez, et vous prétendez connaître la personne qui a écrit ce livre ?

A « elle est bien plus proche que vous ne pouvez l'imaginer ! Vous savez ? Je vous connais très bien, même par coeur !»

Y « S'agirait-il de moi cet auteur qui a écrit ce livre ? Est-ce qu'il vient de mon futur moi ? Cela expliquerait pourquoi l'auteur porte mon nom !»

A « Oh non grand Dieu ! n'y pensez même pas ! Et quelle idée d'écrire un livre qui existe déjà ? Cela fait un moment que je vous observe Yoann, et vous me surprenez à chaque page de ce livre ! »

Y « Comment ça ? Vous savez pour ce qui s'est passé avant dans les pages de ce livre ? Et comment se fait-il qu'il parle de moi ? »

A « Tout simplement parce que vous n'êtes qu'un personnage que j'ai créé et tout ce que vous vivez est mon univers, il provient de mon inspiration »

Ne sachant aucunement où il avait pris ces informations, et ne le trouvant pas très net, car quelque chose en lui ne m'inspirait pas confiance, je lui répondis :

Y « Je ne sais pas qui vous êtes et vous prétendez être un de mes amis, ça ne me fait pas rire du tout ! Je vous demanderais de sortir d'ici, vous m'avez fait perdre suffisamment de temps comme ça ! »

se retournant vers la porte, cet inconnu me dit la chose suivante :

A « Dommage Yoann ! Dommage !……Dommage ! Dommage ! Dommage !….. (en soupirant) , Je ne sais pas ce qu'en penserait Sophie qui est en cet instant chez sa mère, et qui est en train de prendre le thé…..ou le café…..j'aviserai ! »

Y» qu'est-ce que vous me racontez ? Et comment savez-vous pour…. »

il m'interrompt

A « sa mère vit 38 rue des Mimosas à Verdun, elle s'appelle…….(claquement de doigts)…... Suzanne, est-ce que je me trompe ? Cela m'étonnerait ! Et il est inutile de prendre votre téléphone portable, de toute façon, il est resté en 1802!»

Effectivement, après avoir fouillé mes poches et regardé partout, il était introuvable….. L'aurais-je perdu lorsque j'ai trébuché sur un des soldats ?

Y et A en même temps :
« et comment …...est-ce que….. »

A « J'anticipe tout ce que vous allez dire ou faire, et cela ne sert à rien de me défier, vous n'existez que parce que je le veux vraiment ! »

Y « pourquoi dites-vous ceci ? Et d'où tenez-vous toutes ces informations ? »

A « Parce que c'est moi qui l'ai décidé ! Toutes ces informations, je viens de les écrire à l'instant sur cette page, et puisque vous avez insisté pour savoir qui je suis, je suis l'auteur de ce livre, un livre dont vous êtes le personnage principal, vérifiez-le par vous-même à la page 102, nous tenons encore cette conversation.»

Tout d'un coup, tout mon univers s'est effondré ! Il connaissait énormément d'informations sur moi et mon entourage

Y « Cela voudrait dire que je n'existe pas ? »

A « Mon cher ami, vous êtes juste le produit de mon imagination fertile, et cette soi-disant vie réelle que vous croyez tant vivre, elle n'existe pas ! Vous n'êtes rien de plus qu'un personnage de fiction, même si tout vous semble réel. Et c'est devant cette insistance de croire que vous soyez réel que je me dois d'intervenir ! Ce que vous allez découvrir à l'intérieur de ce livre dépassera toutes vos attentes »

Y « De quelles attentes me parlez-vous ? »

A « Connaître la vérité, et c'est ce qui m'a le plus surpris chez vous ! Vous m'avez semblé si humain, tellement présent, que j'ai eu peur que vous preniez le contrôle de mon œuvre ! j'ai eu peur que vous endoctriniez tous les personnages ici présents dans ces pages, et que vous réécriviez l'histoire à votre façon ! Rien ne vous appartient ici ! Vous êtes chez moi, et ceci est mon univers ! »

Encore sous le choc de ce que je venais d'apprendre ! Ma tête me tournait et je n'arrivais plus à tenir en équilibre sur mes deux jambes.

A « Vous êtes tout pâle mon cher ami, asseyez-vous un instant et ne vous inquiétez aucunement pour Sophie, elle peut attendre aussi longtemps que je le déciderai! Contrairement à ce que vous pouvez penser, je ne suis pas votre ennemi, et si j'avais l'intention de vous nuire, je l'aurais fait depuis bien longtemps, et il ne me faut pas grand-chose pour cela ! Et il se peut même que.....»

(Il s'interrompit un instant !)

A « Je ne peux pas vous répondre ! On nous observe ! »

Y « De qui parlez-vous ? »

A « De celui qui est en train de lire ce livre ! »

En regardant dans la même direction que l'auteur, je vis que vous étiez à la page 105, à nous observer.

Y « Bonjour à vous voyageur, si je peux vous appeler ainsi ! tout va bien pour vous ? Je sais ! cette histoire vous semble bien étrange, mais ne vous inquiétez pas, elle prendra tout son sens quand vous nous rejoindrez......prochainement......très prochainement...... ! »

A « On vous attend ! ça ne devrait plus être très long, votre place est prête pour de nouvelles aventures ! »

Y « Peut-être devrions-nous discuter de tout ceci entre nous, en secret du lecteur ! »

A « Ce serait mieux effectivement, et ce que j'ai à vous dire ne concerne que vous Yoann ! »

Sur cet entrevu, nous avons discuté un petit moment et l'auteur m'expliqua ce qu'il attendait de moi.

Il m'expliqua que son livre était devenu hors de contrôle et que l'histoire qu'il avait écrite avait pris une autre tournure. Il me parla de ce monde étrange, à mi-chemin entre réel et imaginaire. Et il disait aussi que le gardien du temple était responsable de ce désordre. Mais qui était ce gardien ?

Peut-être que vous aussi, amis lecteurs, vous êtes dans un livre et que vous croyez être bien en vie. Seulement, notre nature humaine nous fait croire tout ce que l'on a envie de croire ou d'espérer, mais l'espérance n'est que l'hypothèse d'un lendemain, celui qui ne viendra peut-être jamais, et dans le fond, que décidez-vous vraiment dans le monde dans lequel vous vivez ?

Il y a toujours plus grand que nous ! Un auteur décide de qui nous sommes, et de ce que nous pensons être. Et quand vous comprendrez de quelle manière vos vies sont contrôlées, il est possible que vous révisiez vos jugements, et que vous n'êtes qu'un modeste figurant dans une comédie dramatique.

Comme je le disais, il y a toujours plus puissant que nous, mais nous pouvons le contrôler, vous comprendrez plus amplement cet amalgame qui étourdit votre conscience encore en sommeil, mais j'ai appris…...appris à atteindre cet état de pleine conscience et qu'il est possible d'être le chef d'orchestre de notre existence grâce à notre pouvoir intérieur, celui qui le domine, c'est notre génie créatif, qui nous permet d'avancer très loin, de franchir des kilomètres sans être essoufflé.

À l'homme, on lui a ôté toutes ses facultés d'agir par lui-même, car il n'a pas tenté de voir plus grand son univers. Il est juste un personnage qui a un scénario, et peu importe dans quelle direction il va, s'il n'a pas pris l'initiative de voir autrement, c'est-à-dire, sans se fier à son formatage mental, il obtiendra inlassablement les mêmes résultats.

s'il y avait à choisir, je vous demanderais, amis lecteurs, d'être dans le camp des gagnants, et c'est ici que doit rester votre place, car je vais vous dire des mots dont la plupart n'en ont pas ressenti toute la puissance :

« Je crois en vous et vous êtes capables de bien plus que vous ne pouvez l'imaginer !»

seulement, il ne reste plus qu'à vous en convaincre !

Le maître donne l'enseignement, et l'élève doit devenir le maître, c'est-à-dire que s'il apprend à devenir responsable, il doit appliquer tout son savoir à mener la prochaine génération à ce contrôle de l'existence.

Tout ce dont a besoin l'être humain est ce pouvoir qu'il possède à contrôler ses actions, de prendre des décisions, et il l'apprend à ses dépens un jour quand les forces de la nature l'obligent à devenir mieux autonome, indépendant, sans attendre quelque chose venant de ses ainés. Tout est déjà en lui, le pouvoir de responsabilité, de décision, d'initiatives réfléchies, et il est vraiment le seul acteur à prendre sa vie en main. C'est être un meneur et non un suiveur. Attendez davantage de vous-même.

Ce que m'a appris cette vie, c'est qu'il est important de s'accrocher à ses rêves et les dominer sans se laisser dominer par ceux-ci. Personne n'a de pouvoir là-dessus, juste de vaines paroles que vous acceptez ou non d'écouter.

Tout se met en place progressivement amis lecteurs, toute l'histoire, vous l'avez sous les yeux, mais elle ne s'arrête pas là. Car vous n'avez exploré qu'un fragment de ce livre magique.

Mon aventure ne faisait que commencer, et dans les lignes de cet ouvrage, il est question d'une quête entre l'imaginaire et le réel, et si vous croyez que ce livre n'a aucun sens, il en a un, mais vous ne le voyez pas encore, ou peut-être que vous en discernez les contours.

Voici l'histoire qu'a choisie l'auteur pour moi, il a prévu un scénario qui va vous faire voyager dans un monde étrange, rempli de personnages aussi curieux les uns que les autres. Il est question d'une quête vers le gardien du temple, je ne savais pas ce que cela voulait dire, mais tout comme moi, vous comprendrez! c'est un parcours avec des étapes, chacune d'elle ayant une signification profonde.

Vous faites partie de cette histoire et vous la vivez tous les jours, voici comment cela a débuté.......

Acte II
Le temple

En ce lieu aux mille secrets

Le garde est à l'entrée

Une pièce à la main

Résonna dans le lointain

Étape 1 :
Le gardien

« Tant qu'on travaille, qu'on produit, qu'on pense, qu'on agit, qu'on rayonne, on se donne l'illusion d'être, on se défend contre la désolation et le désespoir. Si la ville est en cendres, on se réfugie dans la citadelle ; si la citadelle est prise on se retire dans le réduit central. »
(Henri-Frédéric Amiel ; Journal intime, le 10 juin 1877)

Je suis né le jour où j'ai ouvert les yeux, mais ce n'était pas en 1978, mais plus récemment dans un sursaut, durant une nuit où je ne trouvais plus le sommeil, accablé par mes problèmes, j'ai découvert l'éveil spirituel.

Cet endroit me semblait inconnu jusqu'à cet instant où le vrai monde s'est ouvert à moi, et toute ma vie durant n'était qu'illusion, formatée dans un monde qui suivait ce que j'appellerais « les conventions ».

Cette grande révélation est que nous sommes des êtres formatés par un système et nous avons inconsciemment signé un pacte avec celui-ci, m'empêchant de voir au-delà de mon imagination, m'extirpant de mon refuge, de mes rêves.

Que me voulait cet individu qui se disait l'auteur ? Je l'ignore encore maintenant, mais il m'entraîna dans une aventure en quête du moi profond. Il voulait me faire découvrir un monde dont je n'avais pas conscience.

Je ne me souviens plus comment j'ai franchi cette frontière entre l'imaginaire et le réel, et j'étais en quête du gardien du temple, je ne savais nullement si mon voyage serait long, mais je me mis en marche vers un but qui me semblait inaccessible.

Mais où étais-je vraiment ? Dans l'imagination fertile d'un auteur, ou n'était-ce qu'un mauvais rêve ? C'était ce fameux matin de juin 2019, et je suis sorti de mon état second, perdu dans mes pensées, mais toujours est-il qu'un soubresaut me faisait reprendre conscience. C'était Sophie, elle était devant moi agitant les mains et me disant

S «Hého ! Yoann ! Tu es encore avec moi ? » (En claquant des doigts)

Je me suis secoué comme un animal qui s'ébroue, et ce que je voyais enfin était selon moi la réalité......C'est ce que j'espérais....

Nous étions sur le pont juste en face du palais de L''île à Annecy, et ma compagne me regardait bizarrement comme si elle regardait une bête curieuse.

S « Où étais-tu passé ? »

Y « Comment ça ? »

S « Quoi comment ça ? ça fait 5 minutes que tu ne me réponds plus, tu étais comme déconnecté de moi, tu es sûr que ça va ? »

Y « Heu.....oui oui ! Très bien ma puce ! Je ne sais pas pourquoi j'étais ailleurs dans mes pensées ! »

S « Hé bein ! Je ne sais pas ce que tu as fait hier soir, mais tu as l'air endormi ! Allez ! On y va maintenant ! Nous devons trouver un restaurant, et j'espère que tu seras avec moi pour manger......en tête à tête, si c'est encore possible pour toi ! »

Sur ces propos, et encore songeur, je me suis demandé comment c'était possible d'avoir eu l'impression de vivre toute une vie. Mais ma compagne avait déjà perdu patience, et nous devions avancer.

Nous nous sommes arrêtés pour manger « Au Munich » où nous avions commandé des plats de fritures accompagnées de frites. Le cadre était idéal au bord du canal, il y avait des cygnes avec leurs petits qui nageaient sous les regards des touristes qui n'hésitaient pas à prendre des photos de cette petite famille.

Peu après notre déjeuner, nous nous sommes baladé le long du canal sous le son d'un violon qu'un artiste de rue utilisait. Sous un air joyeux, la musique sembla hors contexte, car malgré cette féérie des amoureux de Peynet, à chaque recoin de cette grande ville (comme toutes grandes villes), nous ne pouvions échapper à cette vision de misère ambiante, et j'avais peine pour eux.

Où était donc passé cette magie qui était en eux quand ils étaient plus jeunes ? La désillusion semble avoir pris le dessus, ne laissant plus de place aux rêves, et tout leur univers s'était effondré, face à cette triste réalité.

L'un d'entre eux me regarda, et je ne savais pas comment l'aider autrement qu'en donnant une pièce. Mais combien de temps celle-ci allait donner du baume à cette misère ?

Mais il me parla, et de l'autre côté, ma compagne me tira le bras

S « Allez ! Viens ! On y va ! » (énervée)

Mais ce qu'il me dit brièvement, tiré d'un autre côté, comme si elle allait m'arracher le bras, me rappela à mes songes d'il y a peu.

Le mendiant :
« Rappelez-vous que la réalité n'est pas ce qu'elle semble être ! Sortez de ce livre ! Cherchez le gardien du temple ! »

Mais je n'en sus pas plus ! Sophie pressait le pas et ses talons claquaient sur le pavé en direction de notre voiture.

Nous apprenons à penser plus avec notre tête qu'avec notre coeur, bombardée de fausses croyances d'une société édulcorée qui faisait de moi un être soi-disant accompli, grandi, puissant, mais limité dans ses mouvements.

Mon univers était comparable à celui d'un poisson dans un bocal ou d'un oiseau dans sa cage, et je dominais cet univers. Mais l'univers est plus vaste que cela, il ne se limite pas en haut d'un perchoir ou au sommet du bocal, et je me croyais invincible, supérieur, mais en dehors de cet état spirituel.

Toutes ces années à croire que je ne pourrais pas atteindre un état supérieur à celui dans lequel j'étais plongé, endoctriné par des phrases telles que « tu n'y arriveras pas ! », « tu es trop nul ! », « le monde est ainsi fait ! Ou encore « c'est la vie ! », mais aussi, ceux qui déclaraient ces phrases ont-ils trouvé une issu à leur situation ? Se sont-ils résignés à ne plus avancer ?

Je vous emmène dans un merveilleux voyage, au-delà de votre imaginaire cloisonné, au-delà de ce que vous pouvez voir ou entendre, cet état qui semble irrationnel, ce que vous appelez « la folie », j'appelle ceci « l'état de pleine conscience ».

Ce que vous croyez savoir n'existera plus, à moins que votre subconscient vous dise le contraire. Apprenez à ouvrir davantage votre esprit et vous comprendrez que vous n'êtes pas là où vous devriez être, mais ailleurs, grâce à l'imaginaire et l'extension de ses possibilités.

Vous pouvez continuer à vivre votre vie tranquillement, en suivant les conventions, une petite vie bien rangée, une femme et des enfants, un travail qui ne vous plaît guère, mais vous faites avec, et un maigre salaire vous empêchant de boucler les fins de mois ou d'avoir des loisirs.

Mais il existe une autre possibilité, celle de signer de nouvelles conventions avec vous-même révélant ainsi votre vraie nature, un nouveau pacte. C'est un monde qui vous semblera étrange à première vue, mais qui remettra en cause tout ce que vous avez appris jusqu'à présent.

Vous êtes des êtres intelligents, capables de grandes prouesses, un état qui dépasse la peur et le doute, mais peut-être ne le savez-vous pas encore, ou vous croyez savoir.

Il n'y a pas de limite à l'imaginaire, sauf celles que vous vous donnez ou que l'on vous a confié, et il faut aussi faire preuve d'audace et de folie, ouvrant à vous votre côté artistique et créatif, ce que je fais actuellement avec ce livre.

Il y a un côté excentrique qui ne demande qu'à se réveiller, celle en liaison avec votre être profond qui est réfugié dans votre coeur, il s'agit de votre âme qui sait ce qui est bon pour vous ou non, et actuellement, vous vous sentez mal à l'aise, malheureux, car vous semblez en conflit avec vous-même, vos désirs ardents qui brûlent en vous, pourquoi ?

Parce que vous avez tout simplement fait plus confiance à ce que l'on vous a dit, ce que vous avez appris, en utilisant votre tête et très peu votre coeur, et ce que vous avez dans la tête n'est qu'une banque de données d'informations que vous avez acceptées non en votre âme et conscience, un formatage dans les standards communautaires, croyant faire du dur avec du mou.

Ces standards que nous apprenons dans les écoles, dans les églises, enseignés par l'humain et non par Dieu lui-même, vous disant ce qui est bien ou mal, vous apprenant à être de bons citoyens, travailler, payer vos impôts, et surtout, à ne pas vous révolter.

Mais ce Dieu est en relation avec notre nature profonde, et inconsciemment, vous l'avez déjà croisé plus d'une fois tellement il vous est intime, et il vous a toujours conseillé, soutenu, mais vous ne l'avez pas entendu, et quand vous raisonnerez mieux avec votre coeur, vous commencerez à discerner ce qu'il vous dicte.

Ne soyez plus des êtres soumis à la conscience collective, et venez rejoindre les rangs de ceux qui se sont libérés des conventions, ils ont eu leur indépendance grâce à leur imaginaire, qui fait la folie des génies.

Ce petit grain de folie qui vous manque, cette peur d'être jugé tout simplement parce que vous voulez être vous-même, cette conviction qu'il faut penser comme les autres pour être comme les autres et cela, peu importe le statut social, vous ne vivez pas pleinement votre existence, et c'est triste à voir.

Ouvrez les portes de votre coeur, et ayez un peu plus d'extravagance, il y a des auteurs, des artistes, des musiciens, ou des philosophes qui réussissent, parce qu'ils sont en accord avec eux-mêmes et ne sont pas des êtres soumis à un dictat sociétal, et qui ont compris très tôt qu'il était nécessaire d'être différent, original avec un brin de folie.

Dès lors, vous atteindrez cet état de grâce, l'ouverture d'esprit vers un univers infini. Et quand vous avez compris ceci, vous sauvez votre âme.

Cela peut paraître tiré par les cheveux ce que je raconte là et je vous comprends, mais utilisez votre coeur pour vous poser la question suivante « qui êtes-vous vraiment ? »

Nous avons tous au fond de nous cette magie, le pouvoir de créer notre refuge dans un monde imaginaire où il n'existe aucune limite, au détour de lieux insolites remplis d'êtres fantastiques, et où vous pouvez être qui vous voulez.

À l'intérieur de votre imagination se trouve un trésor que vous pouvez emmener avec vous, si vous avez suffisamment la foi. Le secret pour que celui-ci se matérialise réside dans votre coeur, et quand vous aurez atteint cet état de pleine conscience, tout vous sera possible. Je ne vous demande pas de me croire, mais de croire en vous !

L'homme adulte est devenu un être incapable de rêver, de voir au-delà de ses possibilités, car le monde réel a pris le dessus, et il pense pour lui.

Révélez au grand jour votre côté extravagant, artistique, soyez l'artiste de votre vie. Je vous emmène faire un merveilleux voyage peuplé d'individus à chaque étape de ce périple. Rêvez un peu et détendez-vous, le bonheur est présent dans ces pages, et vous découvrirez qui est votre ami, celle de votre âme.

Non potence ni jugé

Corde tendue sans condamné

La femme est l'abri du sonneur

Pointant jadis le créateur

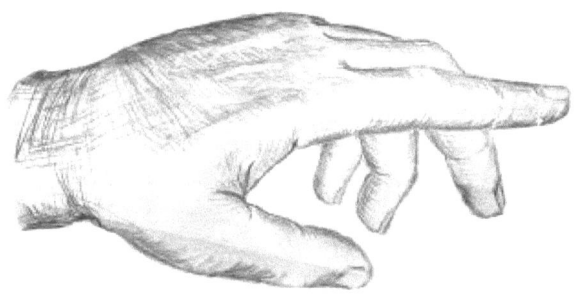

Étape 2
Le dessinateur

Que la force me soit donnée de supporter ce qui ne peut être changé et le courage de changer ce qui peut l'être mais aussi la sagesse de distinguer l'un de l'autre.
Marc Aurèle
(Empereur, Homme d'État,
Philosophe (121 − 180))

Nous étions , moi et ma compagne, en route pour notre destination , au passage de Groisy, La-Roche-sur-Foron, Bonneville, et Vougy, nous décidions de ne pas nous arrêter chez nous, et faire un détoure sur Cluses pour aller prendre un café chacun.

Mais la fatigue se faisait sentir, après avoir marché longuement dans la ville d'Annecy, nous avions besoin de ce coup de fouet, et il n'était que 21h13. Cela m'a permis, même si la route n'était pas si longue, de me détendre un peu avant de reprendre le volant.

La soirée se passa plutôt bien, et après être rentré à notre domicile, nous avions vu notre chat qui se reposait sur le canapé. Il était si paisible, tel un enfant que l'on n'oserait pas réveiller. En dehors de cela, tout sembla calme, et j'avais allumé la télé pour mettre une trêve au silence devenu pesant.

Je m'installais sur le canapé en veillant à ne pas toucher notre ami qui dormait, et je zappais sur des émissions sans grand intérêt pour moi ou ma compagne, de toute façon, elle était partie dans la salle de bain. Et je me suis arrêté sur la chaîne Discovery.

Il y avait cette émission animée par Chip Foos intitulé « Les princes du tuning ». Je ne cache pas une de mes passions pour les restaurations de voitures, j'adore aussi l'histoire et les sciences, avec toujours cette envie de découvrir, d'apprécier, d'aimer la vie, et je préfère ceci aux actualités ne parlant que de violences et de débats de coqs. Il y a des hommes qui peuvent faire plus de mal avec une plume qu'avec un poignard, mais revenons à notre histoire.

Donc, je regardais l'émission animée par Chip Foos, celle-ci consiste à remettre à neuf, de manière personnalisée, des voitures mythiques appartenant à des propriétaires qui ont la surprise d'être sélectionnés pour une restauration complète de celles-ci.

Et à un moment de l'émission, je vis un proche du propriétaire du véhicule dire à Chip Foos les préférences qu'il voudrait, couleur de la carrosserie rouge, moteur small bloc, style Shelby, etc..... et à ses côtés, Chip était en train de dessiner le véhicule d'après les informations récoltées.⌂

Quand il eut fini de dessiner, Chip montra le dessin du véhicule rêvé.......enfin, c'est ce que j'ai cru.....mais quelque chose m'a interloqué.

Au lieu d'annoncer le nom du propriétaire, il disait :

« Yoann, ce message est pour vous ! »

Y « Hein ? Quoi ? »

Le message que me montrait Chip de l'autre côté de l'écran de ma télé disait la chose suivante !

« Recherchez l'enfant perdu ! »

Qu'est-ce que cela voulait dire ? Ma quête ne se contentait pas de découvrir le gardien du temple ? Et d'ailleurs, était-ce bien réel cette aventure ? Suis-je encore en train de rêver ? Entre les mains d'un auteur qui me manipule au gré de ses envies ? Mais où suis-je? Réel ou imaginaire ?

Ma compagne était en train de me secouer

S « réveille-toi Yoann ! tu dors encore ! »

Revenant à la « réalité » et ouvrant les yeux tout doucement, je vis ma compagne, avec *cette expression du visage qui en disait long sur son état d'esprit, mais pourtant......*

S « Pars en quête de l'enfant perdu Yoann ! Tu dois le trouver ! »

Y « Qu'est-ce que tu me racontes ma chérie ? »

Et quelques secondes après, ma vision se troublait, je tombais dans un sommeil profond, et m'emmenai en des lieux qui m'étaient totalement inconnus.

Nous sommes tous des artistes dans l'âme, car chaque jour, nous dessinons notre vie, mais sur quelles bases le faisons-nous ?

Votre esprit a besoin de s'identifier à quelqu'un ou à quelque chose, et nous le faisons tous. Nous avons nos propres héros, nos propres icônes, et nous ne faisons que ressembler à ce que nous vénérons, ni plus ni moins.

Il dispose d'un contexte extérieur sur lequel s'appuyer, mais sans celui-ci, que seriez-vous ? Sans les fondations de l'éducation (au

133

sens large du terme), il n'y aurait pas d'identité. Sans personne autour et sans statut social, l'esprit n'est qu'une coquille vide.

Nous voulons tous ressembler à quelqu'un, à notre père, à notre mère, à une vedette de télévision ou de cinéma, et nous apprenons à ne devenir que ça. Et quelque part, il y a un fond de frustration quand nous n'y arrivons pas, par exemple, changer de statut social pour devenir une star, comme notre « héros », notre « icône ».

En clair, dessiner son image autour de quelqu'un ne veut pas dire être quelqu'un, c'est juste devenir une pâle copie de votre idole, et pour résumer tout ça, vous n'avez plus d'existence propre, mais vous trouvez votre identité chez autrui. Et sans cet appui, l'esprit humain n'est qu'une coquille vide. Vous vivez dès lors dans une réalité dans laquelle vous n'existez pas !

Imaginez une personne seule dans le désert, il est né dans ce climat hostile sans âme aux alentours qui y vive, donc d'aucun contexte sur lequel son esprit peut s'appuyer.

Mais s'il rencontre pour la première fois de sa vie un arbre, le cerveau commence à créer ce que l'on appelle une « neuro association » relative au plaisir ou au dégoût, au bien ou au mal.

Nous associons des choses comme le vide et la peur, la glace au chocolat et le plaisir. Mais tout le monde n'associe pas ceci de la même manière, tel le funambuliste qui apprécie les sensations fortes du vide, ou l'enfant qui n'aime pas le chocolat.

Et c'est ainsi une accumulation de ces informations qui crée un système unique à chaque individu, un mode de pensée qui est propre à chacun, mais dont il n'est pas propriétaire.

Ces informations ne viennent pas toutes seules, elles s'appuient sur l'environnement et le contexte social et familial.

La pensée se fait icône, et tout le monde utilise l'image pour exister, et ce que j'appelle « l'icône » est la symbolique de toutes les informations perçues depuis la jeunesse jusqu'à maintenant, votre vie actuelle.

Vous êtes-vous demandé pourquoi vous aimiez ou détestiez les glaces au chocolat ? Ne vous êtes-vous pas demandé pourquoi vous aimiez avoir peur du vide et défier les éléments ?

« l'icône » est le symbole, mauvais ou non, associé à une expérience passée et retentissant dans le présent, et c'est pour cela, et je me doute un peu connaissant parfaitement la nature humaine, que certains trouvent mes propos absurdes, et d'autres non, et je vous rassure tout de suite, chacun étant unique, vous avez raison dans les deux cas . Parce que tout le monde est unique et tout le monde ne réagira pas pareil selon le vécu .

Dans le fond, qui êtes-vous vraiment ? Et qui suis-je personnellement ? Je suis un auteur, un acteur, un créateur et un spectateur de ma propre vie, mais on pourrait très bien me désigner sous d'autres noms selon les convictions de chacun.

Ce qui me désigne comme un être entier n'est pas le fait que je sois auteur de livres (dont celui-ci atteint une toute autre dimension) .

L'être est invisible, impalpable et ne se nomme pas, mais il vit au fond de chacun de nous. Peut-être aussi que nous ne voulons pas le voir ou l'entendre, car nous sommes convaincus « d'être ».

Mais ce que je m'apprête à vous enseigner va changer la donne. Je ne suis pas directement l'auteur de ce livre !

Ce que je veux dire par là, c'est que mes connaissances appartiennent aux personnes qui m'ont accompagné dans ma vie, et que je reconnais n'avoir aucune identité propre, elle est fondée sur l'apprentissage de la vie. Et cela résume très bien ce que je vais vous dire, que finalement, nous n'existons qu'au travers des autres, et l'humain n'est pas fait pour être seul dans toutes les situations de la vie.

l'esprit humain se bâtit grâce aux éléments extérieurs, et c'est à partir de ceux-ci que notre créativité et nos émotions fonctionnent.

Ce qui m'appartient c'est la manière dont il a été élaboré, ce sont aussi les pensées de l'âme exprimées au travers de mots qui ne sont pas les miens, mais qui appartiennent à mon corps enseignant quand j'étais plus jeune.

Ce qui est certain pour le commun des mortels, c'est qu'il n'est pas !

Vous êtes libre de penser dès la naissance mais artificiellement, vous faisant croire à une pseudo-liberté de choisir la vie que vous voulez, mais vous êtes tombé dans un piège sociétal, un formatage massif couronné de fausses convictions, et vous avez appris avec votre tête et non avec votre coeur, et vous ne vous êtes pas ouvert davantage, parce que l'on vous a affirmé que c'était impossible, nul, inaccessible, mais votre âme s'est exprimée à maintes reprises, mais vous ne l'avez pas écouté, il s'est manifesté plus d'une fois sous forme de rêves, et votre conception très terre à terre à rejeté ses requêtes . Alors, vous vous levez tous les matins pour aller travailler, afin d'alimenter une société de consommation, et payer des taxes et des impôts.

L'être humain est un être libre et inconscient, aussi libre qu'un canari dans une grande volière, cela peut paraître suffisamment grand, mais il lui semble impossible d'aller au-delà, parce que l'on lui a fait croire cette bêtise. Incapable de rêver, imaginer, sans qu'il soit pris pour un fou, ou un original dans le meilleur des cas, et l'univers l'a doté d'un immense pouvoir, celui d'être !

Vous n'êtes pas perdu mes mignons, loin de là, et quand vous arriverez à la fin de ce livre, si vous en avez suffisamment le courage et la volonté de vouloir réellement dominer les événements, votre manière de penser aura littéralement changé, et vous ne penserez plus comme les autres, mais par rapport à vos aspirations profondes. Vous serez enfin ! En phase d'éveil spirituel.

Ce qu'il vous faut avant tout, c'est sortir de ces codes et de ces conventions et d'être libre d'être qui vous voulez, de découvrir votre vraie nature, celle que vous ne voulez pas connaître de peur d'être tourné en ridicule.

L'être humain suit certains protocoles liés à l'effet de masse, pour être comme la majorité populaire qui vous a infligé du bleu alors qu'au fond de vous, vous aimez le rouge (comprendra qui voudra).

Dans le fond, nous ne sommes pas les personnes que nous semblons être, on nous a imposé des identités patronymiques et morales qui ne sont pas les nôtres, mais choisis par notre entourage, nous ne choisissons pas plus notre nom et prénom que de valider en notre âme et conscience ce qui est juste ou pas !

Sur votre carte d'identité, vous vous appelez Pierre, Paul ou Jacques, et vous exercez un métier, mais concrètement, qui êtes-vous ou qui seriez-vous si vous pouviez choisir ? Soyez inspirés et agissez selon ce que vous dicte votre coeur.

Un artiste peintre l'a démontré dans une série de toiles représentant des fruits ou des objets. Il s'agit de René Magritte dans ses oeuvres intitulées « La trahison des images ».

Notre perception est dès lors très limitée au champ du connu par le commun des mortels, mais la symbolique passe bien au-delà de simples images qui l'ont défini fort bien ou mal.

L'humain jouit d'une très grande ignorance du champ du possible, et dans un autre univers, si vous aviez appris qu'une table était en fait une chaise, il va sans dire que dans cet univers actuel, on vous aurait pris pour un fou.

En mon sens, et ce qu'a démontré René Magritte, que ce soit pomme, poire, chaise, table, ou autres, peu importe le nom que l'on peut donner à ces objets ou fruits, ce qui prime, c'est la fonction et non le caractère nominatif.

Je vous apprends que votre perception est trompeuse, et vous faites un blocage sur du rationnel lié à certaines croyances.

ce que vous voyez ou ressentez comme impossible ne serait-il pas possible ? pourquoi pas ? avez-vous peur d'être autre chose que ce que vous êtes actuellement, mais ce que vous ignorez encore, c'est que vous avez toujours « été » au fond de vous, et vous le serez encore.

On se fait très vite des idées sur une situation donnée, par exemple, si vous rencontrez une personne portant un très beau costume, cela sous entend-il qu'il a de l'argent ? et s'il est dans une banque, avec un bouquet de fleurs et qu'il s'avance vers la guichetière, qu'allez-vous supposer ? qu'il va la draguer, ou vient-il faire un simple retrait d'argent, et qu'il doit se rendre à un enterrement juste après ? vous savez quoi au fond ?

Ne nous laissons pas trahir par ce que nous voyons ! n'ayez pas une mauvaise perception de vous-même ou des autres !

Penser que vous êtes nuls, incapables, doués, intelligents, ce ne sont que des « images », c'est la perception que vous avez, et vous vous représentez par rapport à cela, selon ce que l'on vous a affirmé, mais vous êtes le seul à choisir qui vous voulez être réellement.

vous voyez des gens qui réussissent, et alors ? il y en a d'autres qui échouent, et alors ?

l'échec et la réussite, cela ne concerne que vous, et non les autres qui ne font que suivre leur chemin. et si vous avez l'image de la réussite en vous, affirmez-le, au fond de votre être, sans attendre ou croire les jugements d'autrui. Ne soyez pas réjoui ou déçu de ce que vous voyez, il s'agit du monde extérieur, et cela en va de même pour les « on dit que », ou les « félicitations », ou les « c'est nul ». cela appartient au monde extérieur, et personne n'a besoin de penser pour vous.

Chaque être humain est sa propre « victoire » ou « défaite » ! et quand vous aurez vraiment compris le sens de cette affirmation, vous avancerez à pas de géant dans la vie.

Ne vous fiez jamais aux apparences, elles sont trompeuses, et cela, je ne le répéterais jamais assez !

Je vous parlerai un peu plus loin d'une personnalité qui a su faire face à un mur identitaire, mais qui a su le contourner en choisissant qui il était vraiment au fond de lui, et qui a brillé par ses aspirations profondes, je vous raconterai l'histoire de Korla Pendit qui vous prouvera que les seules limites sont celles que l'on s'impose.

Elle pèse plus lourd qu'une plume

Mais n'a de lien que l'horizon

Son histoire n'est point d'argile

Océans et brumes

Etaient sa condition

Étape 3 :
L'enfant

*"Tout enfant est en quelque façon un génie,
et tout génie un enfant."
(Arthur Schopenhauer)*

Je me suis retrouvé enfermé dans mon propre esprit, et dès cet instant, le monde que je connaissais (ou croyais connaître) n'existait plus. Le réel ne sembla qu'une illusion dans laquelle je croupissais dans les incertitudes.

J'étais dans ce qui ressemblait à une rue passante, mais je savais qu'il ne s'agissait dès lors que de mon imagination. Cela me rappela d'étranges souvenirs, ces rues, ces maisons et ces gens m'étaient familiers, comme une scène qui se répétait.

Il y avait des hommes et des femmes qui se baladaient avec leurs enfants (à supposer que ce soient les leurs), et je remarquais qu'ils en avaient deux à chaque fois, un garçon et une fille.

Un peu curieux de ces dispositions, je tentai de trouver un stratagème pour en savoir davantage sur eux :

Y « bonjour Monsieur Dame, j'aurais besoin d'un renseignement, où sommes-nous ? »

L'homme me répond :

« Yoann, c'est bien ça ? »

Y « Comment connaissez-vous mon prénom ? »

H « Il est partout sur les pages de ce livre, peu étonnant que nous sachions cela, et aussi, vous êtes dans vos propres pensées, et il s'agit plus précisément de vos souvenirs ! »

Interloqué par le fait qu'il connaisse le livre qui m'a entraîné dans des aventures mystérieuses, je me suis mis à repenser à ma rencontre avec l'auteur, ne serais-je qu'un personnage de fiction ? Et pourtant, tout me sembla bien réel. Je reconnus l'environnement de ma jeunesse, tout était resté à l'identique, à la fois, les parfums, les sentiments et ce que je voyais, tout sembla à sa place, comme figé dans le temps. C'était merveilleux, il y avait encore cette épicerie où j'allais acheter des bonbons juste après l'école. Il y avait même ces consignes de lait que l'on déposait sur un chariot en échange de quelques pièces.

Mais quelque chose n'allait pas, et j'ignorais de quoi il s'agissait, mais la réponse m'est venue de cette dame qui était avec son conjoint.

D « Il est passé où votre enfant ? »

Y « Pardon ? Je n'ai pas d'enfant ! Pourquoi cette question ? »

D « Tout le monde emmène avec lui un enfant qui est le sien. Nous en avons tous ici, mais moi et mon conjoint, nous ne partageons pas les mêmes. »

Elle me faisait remarquer que de toutes les personnes présentes en ce lieu, j'étais le seul à ne pas avoir d'enfant. Mais sa remarque fut étonnante. Les deux personnes en face de moi semblaient me dire qu'ils avaient chacun un enfant, mais ils n'étaient pas en commun.

D « Mon cher ami, nous emmenons toujours avec soi un enfant, il vit toujours avec nous et grandit en même temps que nous. Lui seul garde le même âge et nous rappelle d'où nous venons. et peu importe la situation que vous traversez dans la vie, il est toujours là, le regard vif et amusé dans ce monde. »

Sur cette entrevue, je me suis souvenu de ce qu'il s'était passé un peu plus tôt quand j'étais encore réveillé. Ce que m'avaient dit ma compagne et Chip Foos concernant ce que je devais rechercher. Mais il ne pouvait exister que dans un seul endroit. Et je devais suivre un chemin menant tout droit à lui, et je devais passer par les retrouvailles avec de vieilles émotions que je croyais éteintes, et occulter tout ce que je savais de ce monde « réel ».

Le chemin que j'empruntais maintenant était chaotique, devant slalomer entre le rejet de la réalité et les désillusions. Et ce qui se présentait devant moi semblait très aléatoire. Pas de visibilité, du vide, et pour seul repère, un plan que je devais suivre scrupuleusement.

Et absorbé par ce plan de route, j'entendis les pleurs d'un enfant au loin. Et plus je ravivais de vieilles émotions , et plus les pleurs étaient proches.

Il était là ! pas très loin de moi, et la route me rapprochant de mon but rendait ce petit être plus visible, et il était maintenant à deux pas de moi que je lui posais cette question :

«Que fais-tu ici jeune garçon, et pourquoi pleures-tu ? »

l'enfant séchant ses larmes sur ses manches me répondit :

« Je pleure parce que je suis perdu »

151

Il m'empressa de lui demander pourquoi il était perdu et me répondit :

« Parce que les adultes ne savent plus rêver ! »

Alors, très surpris de sa réponse, je lui demandais pourquoi ils ne pouvaient plus rêver.

L'écoutant attentivement, je compris que cet enfant, c'était moi plus jeune.

Il me confia alors qu'il était en compagnie de son génie créatif, mais que celui qu'il appelle « le juge », l'avait enlevé. Laissant ainsi l'enfant tout seul dans un environnement vide, n'ayant nulle part où aller et ne sachant pas où il se trouvait. Il n'avait que pour seul repère ce que lui avait indiqué le juge, et qu'il n'y avait plus d'autre chemin à emprunter.

Puis il me disait la chose suivante :

« Si vous retrouvez mon génie créatif, je vous aiderai à trouver le chemin menant au gardien du temple. C'est lui qui connaît tous les itinéraires menant à lui. »

Je lui promettais d'aller affronter le juge et de libérer son génie créatif, sur cette entrevue, je repris ma route.

En grandissant, nous perdons de vue tout ce qui nous motivait, et notre monde que nous nous étions créé est tombé dans l'absurdité face à un environnement très dur, rempli de personnes jugeant de nos capacités à créer de nouvelles choses.

L'enfance, c'est l'avenir de l'humanité, c'est elle, par son imagination qui met des couleurs dans le gris de nos vies, elle est précieuse et nous en sommes, en quelque sorte les protecteurs de cette jeunesse à l'esprit fertile.

Nous gardons des traces de cet enfant que nous étions, plein de créativité, voyant le monde différemment, élancé et plein d'avenir, et son compagnon, le génie créatif, est encore là, enfermé dans une boîte de Pandore par celles et ceux qui ont brisé nos rêves, afin de suivre l'ordre établi comme de sages petits robots, nous démontrant qu'il est impossible d'être autrement que ce que nous sommes.

Ces croyances se sont ancrées solidement en nous d'année en année, et c'est pour cela, chers lecteurs, que la plupart d'entre vous, vous ne comprenez pas tout ce que je vous dis, car votre monde est devenu quelque chose d'absurde, impossible à réaliser, et vous ne raisonnez plus avec le coeur d'un enfant, car vous vous dites qu'une fois adulte, ce n'est plus la peine.

Mais l'enfant au fond de vous ne demande qu'à s'exprimer, laissez-le vous aider à trouver votre génie créatif !

Ce qui a perdu l'humanité, c'est qu'elle a trop écouté le monde extérieur, submergé par des images fausses qui ont triché avec nos convictions profondes « d'être », mais au final, qui sommes-nous réellement ? Ce que nous a dit notre famille ? Nos amis ? Nos collègues ? Les médias ? Inconsciemment, nous sommes devenus à l'image du monde extérieur, et tout ce qu'il peut arriver de mal à l'humain, c'est de vivre avec ce pseudo sentiment d'être libre de choisir, mais choisir quoi précisément ?

Oui, depuis l'enfance, et ce fut une sale habitude, l'humain est devenu un personnage dépendant de l'image qu'on lui a donnée, ainsi que le monde qui l'entoure, et c'est ce qu'il se passe dans l'enseignement, elle fournit des images qui ne sont pas les siennes, ou du moins, celles voulues si elle en avait la capacité.

Nous vivons au travers de croyances limitantes, mais qui ne sont pas représentatives du monde réel, car celui-ci, c'est ce que nous en faisons hors libre-arbitre, encore une chose qui n'existe pas ! Nous disposons de cette capacité d'imaginer le monde à notre manière, non conceptuel, non généré par un dictat sournois, comme hypnotisé dans une bulle de bien-être factice. Mais la vraie liberté, c'est d'accepter de continuer à croire que nous sommes hors de ce système ou non, de vouloir voir autrement ou non.

Il n'existe aucune situation au monde capable d'aider l'enfant à croire en lui et en ses rêves, à l'écouter ou suivre ses attentes, car l'enfant

155

n'est jamais entendu. Nous lui posons juste les fondations d'un monde injuste et perverti, lui apprenant qu'il n'arrivera jamais à atteindre ses rêves dès que l'obstacle se présente. Et ce que l'on appelle « l'éducation » résulte d'un postulat du collectif, si bien que les enfants n'apprennent pas à la même vitesse et au même niveau, et le rôle éducatif parental est des fois compliqué, car les parents n'ont pas forcément appris ce que l'on enseigne actuellement dans les écoles, projeté dans la vie active très tôt et ne connaissant que l'école de la rue, des troquets et des amis peu en clin à ouvrir un livre culturel.

l'enfant se retrouve piégé dans ses difficultés sans que personne ne puisse l'aider vraiment, car il vit dans un climat social et culturel dès la naissance, où il a appris qu'il deviendrait sans doute comme ses parents, ou que ses rêves de grandeur deviendront inaccessibles.

Est-ce que vous croyez réellement que vos pensées vous appartiennent ? Du moins, pas en totalité, car elles ne sont qu'une pâle copie de ce que l'on vous a enseigné.

Que ce soit de Nietzsche, de Kante, ou d'autres philosophes à la sauce tartare, vous ne pensez pas forcément comme eux, pourquoi dis-je cela ? Et d'où croyez-vous que ces philosophes tiennent leurs enseignements ? Ce n'est pas tombé du ciel. Ils ont eu leurs maîtres, et ils n'ont fait qu'interpréter ce qu'ils ont appris, et comme tout le monde, ils étaient attachés à des icônes. Ce qui signifie au-delà de ça que nous sommes tous les prisonniers d'un contexte de vie.

Je ne prétends pas avoir la science infuse, loin de là, mais en fin de compte, qui la possède ?

Pourquoi l'être humain, dans la majorité des cas veut avoir raison sur tout ? Nous nous sommes tous retrouvés au moins une fois dans ce genre de situation ou votre interlocuteur semblait faire un bug, à vous entendre sans vous écouter, c'est-à-dire que chaque fois que vous vouliez exprimer une opinion, qu'elle soit concrète ou non, celui qui était en face de vous la rejetait d'un revers de la main sans autre forme de procès.

Tout ceci semble puéril de la part de votre interlocuteur, juste pour maintenir le fait d'avoir raison, même s'il faut prêcher le faux, et cela s'appelle de l'entêtement ou une opposition volontaire de rejet, et cela existe le plus souvent chez les individus ayant un statut social plutôt précaire, et ayant ce besoin d'affirmation pour exister.

Or, l'être humain, comme je l'ai déjà évoqué ne vit que par l'image, celle qu'on lui a donnée et celle qu'il se donne, et il existe quelque chose de propre en chacun de nous, le besoin de considération et d'appartenance à un groupe, et c'est ce que je vais aborder dans un chapitre en amont évoquant l'effet de masse.

L'origine de l'icône remonte à très loin dans la vie de l'être, elle se situe dans l'enfance, ce moment de l'existence assez relative remplie de paillettes. Nous avons les premières images de notre environnement, de nos parents, de notre entourage en général, dans la condition sociale dans laquelle vous baignez, tout ceci identifie l'individu à un groupe (riche, pauvre, ou modeste).

Les premières images jouent un rôle prédominant sur notre façon d'être et de penser, tout simplement si vous avez dès l'enfance, connu l'image d'une maison, d'une famille aisée, et de la manière de penser de l'entourage, vous faites partie intégrante de cet environnement que vous l'acceptiez ou non !

Qui se souvient de ce qu'il voulait faire dans la vie étant plus jeune ? Être pompier ? Policier ? Infirmière ? Étrangement, presque tout le monde s'est identifié à ces corps de métiers. Mais avec le temps, tout ceci est devenu utopique, pourquoi ? La peur de ne pas y arriver ?

Non, pas dans tous les cas, c'est seulement que pour la plupart, nous suivons la volonté de notre coeur, et la vie évolue avec des désirs nouveaux. Et je vous le donne en mille, tout ceci est alimenté par notre environnement, oui oui, nous sommes influencés, instrumentalisés par les médias télévisés ou magazines relatant par exemple les exploits héroïques d'hommes et de femmes qui nous poussent à devenir comme ces figures, ce qui nous pousse en avant, c'est ce besoin de considération alimenté par notre ego, cette envie irrépressible d'être élevé au Panthéon, bref, devenir une « icône », ce sentiment d'être aimé pour ce que nous sommes devenus.

Nous avons tous cet appétit et cette soif de réussir, d'être un centre d'intérêt, sans quoi, la vie ne trouve plus son sens.

d'un autre côté, votre esprit de conquête est passé aux oubliettes, tout cela parce que vous étiez jeunes, trop fragiles et naïfs, à croire tout ce que votre entourage vous disait du genre « tu as toute la vie devant toi ! » (très évocateur ce que je dis là!), parce que vous aviez besoin de repères et que vous n'avez pas cru en vous, et que vous viviez avec ce besoin de savoir si tout ce que vous faisiez était bien ou mal en demandant l'avis de votre entourage dès lors peu avisé lui-même.

Je vous imagine, les yeux illuminés d'enthousiasme étant plus jeune, avec pour seuls supports votre père ou votre mère. Vous aviez besoin d'eux pour savoir où vous diriger, mais ils n'ont pu que vous donner des réponses évasives, ne sachant pas eux-mêmes ce qui était le mieux pour vous. Ce qui vous motivait et vous propulsait, c'était cette envie d'aller de l'avant dans vos rêves.

Mais la vie vous a fourni de vaines réponses, et ce que j'entends par là, c'est tout ce schéma que vous aviez alors constitué grâces ou à cause de ces images, du genre « tu n'y arriveras pas ! » ou « remets les pieds sur terre ! »

aussi, l'environnement joue son rôle, vous faisant prendre conscience petit à petit et en évoluant dans ce monde ainsi créé, de votre condition sociale, et d'y appartenir malgré tout.

Ce qui a manqué à beaucoup, c'est l'envie de se battre, d'agir avec son coeur, avoir soif de réussir, vivant dans cet univers trop contrasté entre le rêve et la réalité, entre ce que les autres possèdent, et ce que vous possédez vous-même.

Dans cette réalité, nous avons conscience de cette montagne insurmontable, submergée de doutes latents, nous poussant à baisser les bras, tout ceci avec les circonstances nous empêchant de croire en nous-mêmes.

Cent et un mille visages

Observent le passage

Jambes et bras croisés

La lueur du meneur

Aveugle les dormeurs

Étape 4 :
Le juge

"En matière de prévision, le jugement est supérieur à l'intelligence. L'intelligence montre toutes les possibilités pouvant se produire. Le jugement discerne parmi ces possibilités celles qui ont le plus de chance de se réaliser."

(Gustave Le Bon / Hier et Demain)

Je songeais longuement à ce que m'avait dit l'enfant. Qui était ce juge ? Et pourquoi il avait enlevé le génie créatif de chaque être ?

En m'éloignant de l'enfant, mon chemin sembla de plus en plus sombre, et à chaque pas que je faisais, il y eut comme une impression d'être observé, moqué, critiqué, tout autour de moi n'était que murmures dans cette quasi-obscurité. Comme des centaines d'individus disant des propos décourageant :

« Tu n'es pas fait pour ça ! »

165

« Laisse tomber ! »
« Arrête de rêver ! »
« Tu es trop nul pour ça ! »

Ces propos ravivaient de vieilles douleurs que je croyais oubliées, mais en fin de compte, elles étaient sournoises, bien cachées, créant comme des entraves au moindre de mes paroles et gestes.

Puis , tout d'un coup, je le vis, ce qui avait l'apparence humaine était la fusion de la somme de toutes mes peurs, celles qui se sont manifestées en grandissant.

C'était donc lui le juge, une entité que j'ai moi-même créée par mes pensées et mes fausses croyances, c'est à cause de cet odieux personnage que j'ai perdu tant d'années. Je le ressentais, c'était en moi, mais ce que je vis accentua mes craintes, comment allais-je l'aborder ?

Il gardait sous son joug le génie créatif, le torturant avec de fausses croyances. Ce juge

166

était ignoble, à lui répéter sans cesse que ses idées étaient stupides et que personne ne les validerait.

Plus je me rapprochais de lui, et plus j'éprouvais une grande appréhension, mon coeur battait la chamade. Il y avait un monstre en face de moi, et le pauvre génie créatif figé et hypnotisé par ses mots de découragements.

Alors, je dis au génie créatif « Ne l'écoute pas ! c'est ce qui lui donne plus de force ! »

Il me répond « Je ne peux pas ! C'est plus fort que moi ! »

Je réponds « C'est toi seul qui le rends fort ! Arrête de l'écouter, écoute-moi plutôt! »

Le génie créatif : « Qu'est-ce que tu veux et qui est tu ? »

Et pour lui dire de bonnes choses auxquelles il n'a jamais été habitué, je lui dis :

167

« Je suis celui que tu as aidé à devenir plus fort, je suis ton avenir, et le juge n'est rien sans tes croyances ! Tu es le seul maître de ta vie et de tes actes ! Répète après moi...... il n'existe pas ! ....il n'existe pas ! ......il n'existe pas !..... »

À ce moment-là, le génie créatif se boucha les oreilles et répétait inlassablement « Il n'existe pas ! .... il n'existe pas ! ...... il n'existe pas !.... »

En même temps, je lui disais :

« Tu es le meilleur ! Le plus fort, et tu es le seul maître de tes choix et de ta vie ! Tu as le contrôle sur ta destinée, mais par pitié ! Ne l'écoute plus ! »

Tout en continuant à lui parler et l'encourager, je vis le juge devenir plus petit, la somme de toutes mes peurs se réduisait, et je le ressentis très vite, mon courage augmentait, et je voyais le génie créatif de *plus en plus grand et de plus en plus fort, si bien qu'il eut suffisamment de force pour ramener sur le sol le juge. Il était devenu tout petit et craintif, comme un enfant apeuré.*

À mesure que je voyais le génie créatif plus grand, tout s'illuminait enfin de couleurs irisées, et tout semblait à portée de main, je pouvais choisir ce que j'aimerais voir dans cet environnement, mon esprit était capable de créer sans qu'aucun juge ne puisse dire son mot.

Ce monde m'appartenait vraiment et tous mes choix étaient libres. Il ne me restait plus qu'à ramener le génie créatif à l'enfant, cet autre moi plus jeune.

Il ne faut jamais douter de la capacité de chaque être ! Tout le monde possède un talent inné, celui d'imaginer et de créer. Ils peuvent changer le quotidien de milliers de personnes, mais ils sont bloqués par les jugements, des fois, d'une seule personne, qui décide de leur destin.

Pas assez bien, pas assez clair, mais aussi, pas assez beau, ou ne correspondant pas à ses attentes.

En mon sens, un talent caché a besoin d'être encouragé, et ce n'est pas qui que ce soit qui devrait vous en empêcher ! Que ce soit par la race, la religion, ou notre façon de vivre, ce n'est pas cela qui prime, c'est l'expression de son talent. Ce que je déplore, c'est que le monde grouille d'esprits en sommeil, ayant perdu toutes leurs illusions, à cause de jugements sans grandes valeurs.

Mais certains arrivent à contourner les obstacles pour exprimer tous leurs talents, ce fut le cas d'un homme nommé Korla Pendit.

Il vivait aux États-Unis, et était connu comme un pianiste hindou qui avait son propre style de musique, en lançant le genre musical dit « exotica », très apprécié dans les années 1940.

Il faut dire qu'à l'époque, les Américains aimaient tout ce qui était exotique, et il a tenté sa chance dans les bars en cherchant un emploi en tant que pianiste.

Le succès fut retentissant, et gagna en notoriété, des producteurs l'ont très vite remarqué et lui ont proposé de faire de la télévision. Peu de temps après, il eut sa propre émission musicale et gagna en célébrité dans tous les États-Unis. Il fut acclamé et obtint un franc succès.

Mais il y a une autre histoire……

Korla Pendit, n'était pas ce qu'il prétendait être ! En effet, deux ans après sa mort en 1998, sa véritable identité fut révélée. Il s'appelait en réalité John Roland Reed et il n'était pas hindou, mais afro-américain, et les conditions de vie étaient terribles pour les personnes de couleur, surtout dans les années 1940, il y avait très peu de chance, même très mince, que ses rêves aboutissent, étant jugé par sa couleur de peau que pour son talent. On lui a claqué plusieurs fois la porte au nez, mais il a contourné le problème en prenant une autre identité.

Nous croyons décider ! Mais nous ne faisons aucun choix en toute âme et conscience, notre esprit étant programmé à suivre des stimulus qui proviennent du monde extérieur. En réalité, nous sommes tous manipulés, par les médias, la radio, les journaux, et nous suivons une forme de dictat des choix faits en plus haute instance.

Comme dans l'histoire de Korla Pendit, les Américains ont suivi les mœurs de leur temps, suivant l'effet de masse, et à défaut de ne pas suivre le même chemin que ces très chers petits robots préprogrammés, les réfractaires sont jetés au pugilat, et désignés comme des traitres de la nation, des parias.

Posez-vous cette question ! qu'est-ce qui a poussé les Américains à aimer l'Inde et à détester les Afro-américains ? « L'icône », mais non pas uniquement sous forme de caractère iconique, mais aussi en influençant par l'association neuro émotionnelle, en montrant le plus beau et le plus laid.

Inconsciemment, l'être humain est influencé, même dans la publicité qui rajoute sa petite touche édulcorée, en utilisant de belles couleurs, de beaux décors, ou des fois, un bel homme ou une belle femme.

Vous l'aurez compris, tout est fait pour séduire l'humain, les chargés de la communication par l'image connaissant par coeur la nature humaine.

Et pour en revenir aux juges, ils ont un réel pouvoir de vie et de mort sur l'humain, ils peuvent, faire de vous, amis lecteurs, des coupables ou des innocents, comptant sur le déchaînement populaire. Et si je n'avais pas fait certains choix moi-même, si j'avais donné mon destin à ce que j'appelle « un juge », jamais je n'aurais été auteur de best-seller.

Faites davantage confiance à vous-même, et réveillez en vous votre génie créatif ! Trouvez le moyen de montrer votre talent, sans que votre destin soit remis entre les mains d'une seule personne.

Aussi, ne croyez pas toujours ce que l'on vous montre, un juge peut prendre une personne lambda, sans vraiment vous plaire, mais ils mettront en avant toute une panoplie d'artifices, en montrant le sensationnel, l'extraordinaire, tel est le job des chargés de communication., celle de faire plaire ce qui ne vous plaît pas forcément.

173

Donc, prenez du recul sur ce que l'on vous montre et faites le plus confiance en ce que vous ressentez !

**

Règle n°3

*Faites d'avantage confiance
à vous-même qu'aux autres*

**

« *Lata sententia judex*

Dessinit esse judex »

La retraite du divin

Donne place au souverain

Le Victorieux laisse place au Prudent

Etape 5:
Le génie créatif

« La créativité est une fleur qui s'épanouit dans les encouragements mais que le découragement, souvent, empêche d'éclore. »

(Alex F. Osborn)

J'interagissais enfin avec le génie créatif et je lui disais qu'une personne serait très heureuse de le revoir. Il s'agit de l'enfant, cet autre moi qui souffrait à cause de ce monstre briseur de rêves.

Il me disait que cela faisait très longtemps qu'il m'attendait et me remercia de l'avoir libéré de l'emprise de cet enfer moral, social, psychique que l'on nomme « juge », cet être malsain qui a traversé les âges et qui s'est adapté au contexte, aussi bien à l'école, au lycée et dans la vie professionnelle.

Celui qui disait « non » à tous les projets que ce génie créatif suggérait à l'innocence. Mais celui que l'on croyait fort n'était rien de plus qu'un faible, il vous a fait croire à une pseudo fragilité, à quel point vous étiez incapables d'avancer dans la vie. Aviez-vous besoin réellement de son avis pour réussir, ou était-il plus important de compter sur soi-même et son génie créatif ? En réalité, vous n'en saviez rien, car la nature humaine, dans la plupart des cas, a besoin de ce sentiment de puissance envers autrui pour finalement dissimuler une forme d'impuissance, et c'est ce que l'on retrouve chez les pervers narcissiques.

Mon enthousiasme grandissait depuis que le juge a été battu. Ce fut comme une bouffée d'air si puissante que j'en avais le souffle coupé, et ce sentiment me donnait envie d'aller de l'avant, de regarder droit vers l'horizon. Et celui qui était devenu libre me confia une clé unique à chaque individu, et il me disait que le moment venu, j'en aurais besoin.

Cette clé ouvrira une porte, mais c'était à moi de découvrir laquelle, et il me confia que de tout temps, je connaissais l'accès. Je mis une ficelle sur cette clé et je la portais comme pendentif, et le moment venu, elle sera révélatrice de cette vérité, celle que j'attendais depuis longtemps.

Puis, il m'emmena dans un couloir, une sorte de galerie où étaient exposées plusieurs oeuvres, celles de ma vie. Tantôt pompier, tantôt policier, je revivais ma jeunesse et mes projets futurs, et sur chaque toile, il y avait une inscription qui dissimulait mon visage. Ces portraits avaient comme inscriptions.

« Tu n'y arriveras jamais ! »
« C'est impossible ! »
« N'y pense même pas ! »
....etc.....

Ensuite, il me montra un accès, celui où étaient enfermés tous mes souvenirs, et en y rentrant, je retrouvais cet enfant, souriant et reconnaissant. Et quelle fut sa réaction face *à son génie créatif, les retrouvailles avec un vieil ami mais ce n'est pas de cet ami dont parle ce livre..... vous le découvrirez assez vite.*

Il y eut comme une lumière vive, quelque chose d'étincelant illuminait mon visage, et ce fut mon éveil. Il faisait jour et mes paupières s'habituaient aux lueurs douces et brutales de cette matinée, et pour le soleil, il était l'heure de pointer ses rayons.

Ma compagne dormait à mes côtés, et je me suis empressé de noter mes souvenirs tant qu'ils étaient encore frais, car j'écrivais un livre, et j'eus de l'inspiration grâce à mes songes. Le seul problème est que je ne me rappelais plus du titre du livre que j'ai vu en rêve..... L'âme amicale ? L'ami mental ?.... L'ami..... L'ami......mince ! Je ne me souviens plus, mais il me reviendra très vite en mémoire..... je l'espère....

Il existe une clé qui ouvre une porte, et ce qu'il y a derrière nous est destiné, comme le bien le plus précieux, un trésor caché dans un coffre-fort, et il faut faire preuve d'une grande patience envers soi-même pour découvrir ce qu'il s'y cache.

Durant notre vie, nous avons été cachés de la vérité sur notre nature profonde, empreint à du découragement et de mauvaises intentions. Si seulement la vie en avait décidé autrement, qui serions-nous ?

Nous avons été mal conseillés dès le plus jeune âge, ou en phase à de faux jugements, qui nous ont fait douter de nos réelles capacités. Et cette jeunesse rêveuse a été assassinée, à petites ou grandes doses. Ces blessures qui ne se montrent pas, mais que l'on ressent, et dès lors, nous nous sentons incapables de changer, de choisir qui nous sommes, mais ce que nous sommes devenus, ce sont des pantins désarticulés.

L'esprit humain est malléable et faible, et nous vivons avec cette illusion de force intérieure, car nous avons été manipulés par des « juges ». Êtres perfides et sans morale, des loups déguisés en agneaux, et en avançant dans la vie, nous ne faisons plus confiance,

Mais......trop tard ! Le mal est déjà fait, et le plus triste est que personne ne s'en est rendu compte.

Aussi, il reste à différencier l'ignorant qui a été instruit par les juges, et qui lui-même transmet aux prochaines générations. Il s'agit d'un inconscient comparé aux juges, qui lui sait ce qu'il fait.

Où sont donc passés nos rêves ? Ils se sont éteints avec le temps, car nous sommes devenus des êtres sans contrôle de notre existence. nous avons tous voulus (ou presque) exercer des métiers comme pompier ou policier, aussi, infirmière ou princesse pour les filles, et puis, nous avons changé, toujours dans l'espoir de réussir notre vie, mais à l'usure, nous devenons démunis de notre génie créatif, faisant de nous de braves petits robots formatés à ne suivre que les dictats d'une société très sélective, ne voyant pas le talent chez vous, juste une main-d'oeuvre de plus dans le système. En clair, vous n'êtes pas apprécié à votre juste valeur.

Toutefois, je peux vous dire une seule chose pour clore cette étape, s'agissant du contrôle de votre existence, vous l'avez toujours eu.

Je parlais de « patience » un peu plus haut, et c'est le thème de notre prochaine étape, celle nous menant vers celui que l'on appelle le maître du temps.

Perdue aux quatre vents

Que lumière transperce de sa lance

Lutèce est résidence

Son phare est dans ses contrées

Pieux que juste mais peu nommé

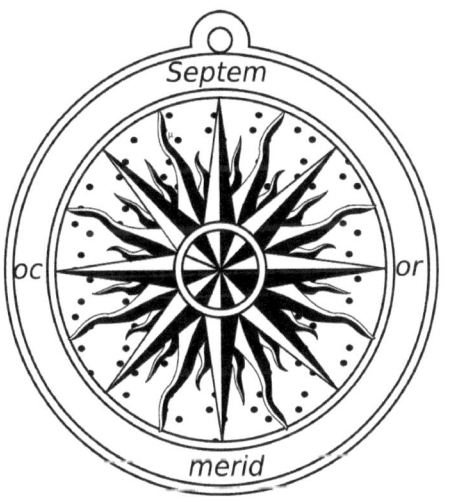

Étape 6:
Le maître du temps

"Les horloges tuent le temps. Le temps est mort tant qu'il est mû par de petits rouages. Quand l'horloge s'arrête, alors seulement le temps revient à la vie."

(William Faulkner / Le bruit et la fureur, 1929)

10h37, j'étais encore sur mon bloc-notes en train de remplir des pages au fur et à mesure que je me souvenais, et quelque chose avait changé, je me sentais plus inspiré qu'avant.

Depuis ma rencontre avec le génie créatif, tout est différent. Comme si la vie que je menais n'était pas mienne, et que je pouvais prendre le contrôle d'une autre tout en restant dans ce même corps. Il était possible pour moi de redéfinir la beauté de la laideur et j'apprenais progressivement à apprécier. Qu'est-ce qu'un instant ? C'est un bien

189

précieux auquel il faut faire très attention, et c'est là que réside le vrai pouvoir, à chaque seconde, nous pouvons changer notre vie, à chaque choix que nous faisons, à nos respirations et nos mots, nous devenons à tout instant.

Est-ce que ces lignes sont réelles ou proviennent-elles de votre esprit fertile ? Peut-être est-ce votre imagination qui vous invite à devenir le créateur.

Mais je n'eus pas le temps de finir de prendre des notes que l'on sonna à ma porte. Je m'empressai de noter des mots-clés sur un bout de papier, une sorte d'aide-mémoire qui n'était qu'un post-it sur un coin de table. Je pris mes clés et je descendis voir à qui j'ai l'honneur d'une visite .

En arrivant à l'entrée, je vis une personne que je connaissais bien, elle faisait partie de l'UNC (Union Nationale des Combattants), dont je suis membre depuis quelques années. Il m'attendait avec une enveloppe à la main, et le disait :

« Bonjour Yoann ! J'espère que tu vas bien, je suis venu t'apporter une invitation pour une exposition qui aura lieu en avril de l'année prochaine à Cluses. »

Y« Bonjour Louis! Je vais bien et toi ? Il reste encore quelques mois pour cela, et en quoi consiste cette exposition ? »

L « Il s'agit d'une exposition sur un auteur en développement personnel qui a su faire ses marques dans le domaine et qui s'est lancé dans la création d'histoires fantastiques »

Y « Tu sais Louis, je suis quelqu'un qui est très occupé en ce moment, et je suis sur un énorme projet, mais j'essaierais de venir ! ça me ferait plaisir d'y assister, et je trouverais un moyen de le libérer ! »

L « Ok, si tu changes d'avis, préviens-nous ! Il y aura un buffet et le maire sera présent. »

Y « Comptes sur moi, s'il y a un problème, j'appellerai ! Merci pour l'invitation, à très bientôt ! »

J'ai répondu favorablement à cette invitation quelques jours plus tard, et ma compagne serait avec moi. Elle se déroulait à la Place des Allobroges à Cluses. Presque tout le monde était présent pour cette journée. On ne pouvait pas se tromper, il y avait une grande affiche où il était noté le nom de l'auteur.

L'auteur donna un curieux nom à ses livres, il les appelait « ses étapes ». Cela semblait si important pour lui de les nommer ainsi.

Nous étions dans cette grande salle où il semblait y avoir du monde, certains discutaient entre eux, d'autres contemplaient des livres sur des étagères, un verre de mousseux à la main, et je découvrais tout ce qu'avait accompli cet auteur.

Il y eut comme un point-clé à chacun de ses livres, et je me mis à songer en cet instant.....un instant comme figé dans le passé, car il perdure grâce à sa réalisation. Et cet instant a donné naissance à des descendants, comme un phénomène de cause à effet.

Il y eut de nombreux titres exposés, « L'épilogue », « Viatorem », « Le vide grenier » , « 1802 », et tant d'autres...... Je me suis dit « C'est l'oeuvre de toute une vie qui a eu chaque instant ! »

Une seule seconde a suffi pour avoir le déclic et créer, et chaque instant, tel un coup de crayon sur une feuille blanche, des traces de gommes et l'usure des touches du clavier qu'il a utilisé.

En fait, et ce qui paraît étrange à dire, le secret de la réussite est que « Chaque temps est tout temps ! », et nous usons notre temps au lieu de l'utiliser à notre avantage ! Et en prenant exemple sur l'auteur, rien ne se construit tout seul et il faut faire preuve d'une énorme patience. Il ne faut pas chercher *le succès, même si c'est ce que nous désirons, ce qu'il faut faire, c'est s'atteler à sa tâche progressivement.*

L'action dans l'instant, c'est l'engrais du succès, et plus nous restons dans l'instant présent à « faire », plus notre univers se construit progressivement.

Dans cette salle d'exposition, je contemplais les livres et je me suis arrêté sur un seul en particulier. Le titre était « Viatorem », je l'ouvris pour lire quelques pages, et je me suis arrêté à hauteur d'un passage qui parlait d'un fermier et d'un autre personnage que je connaissais très bien, je lisais ses aventures qui allaient l'emmener vers le gardien du temple.

Nous ne sommes pas les maîtres du temps qui passe, mais de ce que nous en faisons ! Et cela se déroule devant nous à chaque pas que nous faisons, à chaque choix que nous avons, et c'est le maintenant qui fait le chemin de demain.

Cessez de courir après le temps, et vivez l'instant présent ! Il y a tant à explorer, car vous ignorez la valeur d'une seconde, et tout peut se produire en cet instant, quelque part dans le monde, en une seconde, il y a le début d'une naissance, la fin d'une vie, une guerre peut se déclarer, une opportunité se présente à vous, mais cette précieuse seconde, elle disparaît aussi vite qu'elle apparaît.

Il est possible de contrôler notre destin si nous apprenons à connaître la valeur d'un temps, de l'espace d'un souffle, mais l'être humain vit avec l'espérance, cette incertitude d'un futur spéculé, vous avez tous et toutes ce don, celui de supposer, mais nous ne plantons pas des graines dans d'évasives possibilités, nous le faisons dans l'effort, dans l'action, et en suivant tout ce qui est en mouvement, tout comme les aiguilles d'une montre.

Il faut vivre pleinement l'instant présent, et ne pas se réfugier ni dans le passé si nous souhaitons changer de vie, ni dans le futur, qui n'existe pas encore, et pour revenir sur l'espérance, elle correspond inconsciemment à des attentes futures. Est-ce que vous espérez avoir quand vous avez ce que vous voulez ?

Par exemple, vous possédez une montre en or, elle est à vous, est-ce que vous espérez avoir cette montre en or ? Il n'y a plus lieu de le faire ! quand vous êtes réellement dans l'instant présent, il n'y a pas d'espoir.

Chaque action équivaut à un temps, et nous bâtissons notre vie à chacune de ces précieuses secondes, en cet instant, cette charnière entre le passé et le futur.

Pour cela que quand vous avez des projets en tête, il ne sert à rien de courir après le futur, et d'être ce que vous n'êtes pas encore. Et comme le dit la célèbre fable de la Fontaine, rien ne sert de courir, il faut partir à point !

Aussi, arrêtez de vivre dans le passé, car ce que vous êtes, n'est pas le passé, mais l'instant présent, cette opportunité de pouvoir tout changer dans votre existence se situe ici, en cet instant. Et ayez conscience que ce qui était n'est plus et ce qui sera n'est pas encore, et c'est à ce moment précis que vous pourrez dire « je suis ».

Bâton posé, chevaux ferrés

Croisant chemin, course arrêtée

L'homme qui marche attend

Acier criant arrivant

Courrone posée décorant

Étape 7:
Le fermier

"Lorsque le labourage commence, les autres arts suivent. Les fermiers, par conséquent, sont les fondateurs de la civilisation."
(Daniel Webster / Remarks on the Agriculture of England - 13 janvier 1840)

Le passage du livre que j'avais entre les mains commençait ainsi......

Nous étions encore à cette exposition, moi et ma compagne, et nous discutions avec les invités au sujet de l'auteur. Qui était-il réellement ? Il conservait cette part de mystère, et la clé de voute de cette histoire était depuis fort longtemps dépassée.

Après cette journée et une soirée au restaurant, nous sommes rentrés chez nous. Mon bloc-notes était encore sur mon bureau et j'avais récolté pas mal d'informations qui me donnèrent de nouvelles idées. Ce ne fut que des mots, des morceaux de phrases, qui bout-à-bout racontent une belle et magnifique histoire.

Je me suis mis à noter au fur et à mesure des aventures, et je me laissais guider par mon inspiration, tandis que la pointe de mon crayon couchait chaque goutte d'encre sur la fine feuille blanche. Et je me suis mis à conter sur ces termes........

Chemin allant dans ces contrées, je fis la rencontre d'un fermier. Il avançait bâton tenant, son troupeau non loin suivant.

Y « Bonjour Mr le fermier »

F « Bien le bonjour étranger ! Que me vaut cette rencontre sur mon chemin ? »

Y « Peut-être que vous pourriez m'aider, je cherche ma route pour chercher le gardien du temple ! »

F « Oh grand Dieu non ! Vous n'y êtes point jeune homme, ce n'est pas le bon chemin, car celui-ci est mien ! Mais il me plairait d'avoir votre compagnie un bout de trajet menant !»

Y « Menant vers quel endroit cher ami ? n'est-il pas matinal pour partir au travail ? »

F « Vous n'y êtes point mon brave, c'est dans ma nature de battre la terre et de mener bétail, et il n'y a point d'heure autre pour accomplir mon travail ! Je suis un fermier qui comme je me nomme est matinal ! Et pourquoi cherchez-vous le gardien du temple ?»

Y « Il m'est une quête que je dois accomplir, car l'auteur est en train d'écrire, ces lignes qui me mèneront vers ma destination ! Et où mène votre chemin ?

F « Vers un pays lointain, où mon bétail en sera la fin, de leur vie durant, sans voir autre chose d'avant ! Et ce temple que vous convoitez, en ce chemin que vous suivez pour m'accompagner n'est qu'un parmi des milliers pouvant vous y mener ! »

Υ « Votre bétail s'en va vers leur fin sans connaître un autre destin ? »

F « Chacun dispose d'une destinée, sans jamais en changer, le mien est de conduire, ce bétail qui ne peut fuir ! »

Υ « qu'est-ce que votre bétail devrait fuir ? »

F « La fin funeste, un triste sort, que de périr sans réconfort, de connaître une destinée autre qui ne leur est pas vouée ! »

Υ « vous conduisez votre bétail à l'abattoir ? »

F « Hélas oui ! Que voulez-vous qu'il fasse d'autre ? Dès la naissance, ils sont condamnés, et si ce n'est pas par choix, mais d'être mal né, bétail il est, destiné est programmé ! »

Y « *Vous dites qu'il n'a pas d'autre choix que de suivre ce chemin vers l'abattoir ? Ils ne sont donc pas libres de se sauver, et ne peuvent que rester, jusqu'au bout de leur heure qui va sonner ?* »

F « *Qu'est-ce que la liberté Jeune homme ? Vous vous sentez libre vous ? Emprisonné dans la tête d'un auteur qui trace les lignes de votre destinée, avez-vous choisi cette aventure ? Je ne pense point, mais ce qui est sûr, c'est que vous êtes sur le bon chemin ! Je vous invite à me suivre avec mon bétail !* »

Y « *Je n'ai pas choisi ma destinée, ni ma réalité, je suis juste coincé entre deux mondes qu'un auteur m'a condamné, mais ce qui est certain, c'est que je ne pense point vous suivre plus loin ! Il est temps pour moi de vous laisser ! Je comprends votre manière de raisonner, mais je ne veux pas la suivre ! Bonne route à vous !* »

F « *Très bien jeune homme, et si vous cherchez le gardien du temple, le chemin n'est*

203

pas très loin, vous y êtes plus près que même la pensée ne peut la percevoir sans une grande ouverture d'esprit ! Allez à la recherche de l'antre de l'âme et vous saurez où sera votre destinée ! Bonne route à vous mon brave ! »

Ayant quitté le fermier qui ne faisait que son métier, sans autre jugement, je m'en suis allé ! Qu'il est triste de penser que nous sommes coincés dans une seule destinée, qu'il est triste que de ne connaître que la fatalité, sans se battre ou essayer, dans l'effort et sans jamais abandonner, avec de la volonté. Battre la terre, travailler, ce fermier connaît l'effort d'une vie engagé, même si ce qu'il fait déplaît, mais il est fermier, et il aime ce qu'il fait !

Ne jugeons pas sans connaître ce que l'homme qui avance traverse ou a traversé ! Chaque personne a un rôle à jouer, mais pas celui que l'on nous a choisi, mais celui que nous aimons faire !

Pour ce qui est du bétail, tout semble sans issue pour lui, juste une seule destinée choisie *pour lui, et le rôle qu'il joue ne lui plaît pas, ou il ignore où il va !*

Quelle tristesse d'ignorer ses capacités, de ne pas choisir ou aller, de ne pas savoir où finir, dans une telle situation, il n'y a pas de liberté, c'est de la soumission dans l'ignorance et un chemin choisi par autrui .

Et en continuant à chercher mon chemin, j'y ai songé un petit moment, mais très vite, j'allais me retrouver face à un mur qui n'est pas fait de briques.

Dans le schéma que je vous propose maintenant, il existe deux alternatives, se battre ou se résigner, mais les mauvaises habitudes ont la dent dure, par exemple, à vomir sur le gouvernement et sur les personnes qui réussissent, et pour vous faire un aveu, c'est ce qu'espèrent ces personnes qui vous contrôlent, vous maintenir dans cet état d'insatisfactions de la vie de tous les jours. Gardant ou condamnant chacun à sa place.

Cet être oublié, noyé dans un agglomérat d'images passe plus de temps à faire des comparatifs entre nous et celui qui parvient à se créer une vie. Nous avons dès lors plus tendance à haïr inconsciemment ce que nous sommes qu'à aimer ce que nous voulons devenir, faisant de nous des êtres dépendant d'un système.

Et ceci est tellement ancré en vous, que pour la plupart d'entre vous prendra pleine conscience de la réalité de ces lignes et se dira « j'agis », d'autres préféreront conserver des oeillères ne voyant que ce qu'ils ont envie de voir, tel un cheval de trait ne voyant que les possibilités se trouvant devant lui, juste un chemin de terre battue et rien d'autre.

Peut-être y a-t-il de la verdure, des arbres, des fleurs, et de nombreuses richesses que la nature nous offre, mais malgré tout, et étant aveugle de chaque côté des oeillères, l'objectif restera toujours d'aller tout droit s'il ne réagit pas.

c'est la métaphore de ce qu'il se passe en nous quand nous continuons sur notre chemin de terre battue. Il s'agit de la route que nombreux suivent et chaque pas représentant une année sans voir ce qu'il y a sur les côtés, des richesses insoupçonnées, cachées de chaque côté des yeux par des oeillères.

Arrêtez-vous un instant et voyez les merveilles de la nature, pour cela, il suffit de tourner la tête à gauche ou à droite pour se dire « Wow ! c'est magnifique », et il suffit de se retourner pour se rendre compte que nous avons raté de nombreuses opportunités de voir cette nature luxuriante.

Seulement, personne ne s'arrête, croyant être dans le vrai de leur vie, ou au bout de plusieurs années, hélas ! Trop tard, car le chemin mène vers un abattoir, juste le temps de regarder une dernière fois le chemin derrière soi, tout ce que l'être a parcouru, et toutes les belles vues qu'il a ratées, une fois les oeillères enlevées. Il peut voir quelque chose de magnifique et de triste à la fois.

n'attendez pas que quelqu'un vienne vous sauver de votre sort, elle ne viendra probablement pas, seulement dans de rares cas où une courageuse personne viendra défier le fermier et vous enlève enfin ces oeillères.

Arrêtez-vous maintenant et regardez autour de vous ! Tournez la tête à gauche et à droite et voyez à côté de quoi vous passez !

Ce qu'il y a de magique avec l'esprit humain, c'est qu'il est influençable, mais ce n'est pas le seul trait de caractère dont il dispose, mais je vous rassure, tout le monde l'est, tout simplement parce que nous manquons de vigilance, à cause de multitudes de pensées traversant notre esprit.

Et des individus mal intentionnés peuvent jouer de cela, nous faisant croire monts et merveilles dans notre quotidien, et ceux qui travaillent dans la communication connaissent cela par coeur. Faisant de nous des petits robots de la société de consommation, et nous endormant dans de belles promesses en jouant de la flute tels des moutons de Panurge.

La preuve, est que depuis le début de cette lecture, vous ne l'avez pas remarqué, mais je vous donne un indice. Si vous regardez à la page 47 (et il n'y a pas qu'à cette page de vous le remarquerez), vous verrez, dissimulé, le dessin d'un navire. Est-ce que certains d'entre

vous ont été assez vigilants pour le vérifier ?
c'est quand même dingue que vous ne l'ayez
pas vu !

Cela me rappelle une histoire intéressante qui
s'est déroulée il y a bien longtemps. En 1887 ,
à Newfield, en Arizona, un homme d'une
vingtaine d'années nommé Will Campbell, a
trouvé un énorme gisement d'or. Il en a extrait
tellement qu'il a pu mettre lui et sa famille a
l'abri du besoin, si bien qu'un article relatant
sa volumineuse découverte a attiré de
nombreuses personnes en quête du fameux
métal jaune.

Des communautés entières s'installèrent en ce
lieu très riche, du moins, c'est ce qu'ils
pensaient……. Car cette petite ville prit de
l'ampleur, attirant de plus en plus d'amateurs
de chasse au trésor. Et tous, laissant femmes et
enfants chez eux, partirent creuser dans les
mines. Des investisseurs mangeaient leur
chapeau, car des jours, des semaines et des
mois passèrent pour laisser place aux années,
car rien d'autre que de la poussière sortait des
galeries.

Déçus et ayant perdu énormément, peu à peu, cette ville se vidait de ses habitants, sans le sou en poche…..et sans or. Que s'est-il donc passé ? Pour revenir sur cet article, c'était un stratagème pour repeupler la ville. Pourquoi ? L'idée est venue d'un riche homme d'affaires du nom de Steve Garvay qui a promis une très grosse somme d'argent à une modeste famille pour faire croire à la découverte d'un gisement d'or.

Ce fut très simple, Steve Garvay confia des pépites d'or déjà extraites (ce fut facile pour lui de s'en procurer), au père de famille, qui devait faire semblant, en se roulant dans la poussière pour avoir l'air plus crédible devant les habitants, enthousiasmé, il contamina les habitants de sa joie d'avoir trouvé de l'or (en réalité, l'enthousiasme venait du fait qu'un riche homme d'affaires lui avait confié des pépites d'or).

La presse s'empressa de l'affaire, avec de nombreuses questions à lui poser, et un article plus tard avec photo de couverture, l'affaire était lancée.

Devinez qui étaient les heureux gagnants ? Steve Garvay et cette modeste famille, ils se sont enrichis, comment ? Steve, devant l'affluence des communautés s'installant, investissait dans les commerces et le Saloon local, il était devenu propriétaire de ces lieux en prévoyant ce qu'il allait en faire, et plus les gens arrivaient dans la ville pour chercher de l'or, mieux c'était pour ses activités, et pour récompenser cette famille, il leur donna, sous forme de contribution, des tonnes d'or, ce qui leur donna plus de crédibilité......ils n'en ont jamais parlé.......jusqu'en 1932, quelques minutes avant son décès, Will Campbell devenu richissime, avoua devant le prêtre cette sinistre histoire.

Tout ceci pour vous expliquer le phénomène d'effet de masse et il suffit de très peu de choses pour déclencher un engouement pour une situation que tout le monde aimerait vivre. Et des individus mal intentionnés l'ont très bien compris, et savent très bien en jouer, ils sont capables de créer des situations pour s'enrichir, et pour revenir à notre petite histoire, elle ne s'arrête pas là !

La ville de Newfield était peu à peu tombée à l'abandon, plus personne ne voulait en entendre parler, car elle était synonyme de grands malheurs, ayant fait du mal à des familles entières devenues ruinées, mais quelque chose s'est produit, et cette ville était sans âme qui vive jusqu'à ce printemps 1958.

Anton McLory, un passionné de chasses au trésor, s'était mis en tête d'aller chercher de l'or dans ces vallées. Il était venu de très loin, et ayant lu cette histoire de découverte d'or sur un très vieil article (celui cité plus en amont), il ne connaissait pas la suite de celle-ci, notamment la grande arnaque de Steve Garvay.

Les habitants des villes voisines le prirent pour un fou, mais ils se dirent que dans le fond, il ne faisait rien de mal, car en effet Anton souffrait d'un retard psychologique et vivait dans son monde, bref, c'était un simple d'esprit.

On le laissait faire, sous les moqueries des passants connaissant le destin de ces terres, « Il ne trouvera rien ! » qu'ils disaient !

Mais le plus dangereux, est qu'on le laissait manipuler de la dynamite, et très précisément, en cet après-midi du 16 avril 1958, une déflagration faisait vibrer les vitres des maisons jusqu'aux villes voisines.

La première réaction des habitants était d'aller voir ce qu'il se passait, certains partirent en camionnette jusqu'au lieu de la détonation. Un énorme nuage de poussière faisait écran, on ne voyait rien à plus de 20 mètres.

Quand la poussière se dissipa, les habitants trouvèrent Anton, allongé par terre, mais il n'avait rien, juste sonné par l'explosion. Mais le plus inquiétant était cette odeur de gasoil, et il était couvert d'une substance noire, et certains comprirent vite fait que ce qu'avait découvert Anton était un gisement de pétrole.

Dans ce monde, il y a de nombreuses richesses que le commun des mortels ne peut voir, car elles sont dominées par des rumeurs infondées ou basées sur des vieilles histoires, et nous simples que nous sommes, nous basons nos croyances là-dessus.

Ce qu'il y a de fort dans tout ça, c'est que nous finissons par y croire dur comme fer à ce que l'on nous montre. Jouant de notre excès d'assurance, et nous rendant aussi fragiles que des enfants faisant leurs premiers pas, chancelant et hésitant, et je vais vous démontrer aussi que je suis capable moi aussi de manipuler certains d'entre vous avec une aisance déconcertante.

En effet, je vous ai dit qu'il y avait un bateau sur une des pages, et c'est même un très gros bateau, vous ne comprenez toujours pas ?

Honnêtement, combien d'entre vous sont allé voir en page 47 ? Vous avez ce besoin irrépressible de vérifier quelque chose par vous-même, juste parce que je l'ai dit ? Et si vous étiez vraiment sûrs de vous, vous ne seriez pas allé voir ! Mais ceci n'était qu'un tour de chauffe, et il existe des professionnels capables de vous faire croire n'importe quoi.

Donc, soyez prudents ! Ne croyez pas toujours ce que l'on vous dit ou montre, les apparences sont parfois trompeuses.

Prenez garde malheureux

Quatre l'accompagnent

Mais lui seul passera sous peu

De par les montagnes

Les gardes sont à l'entrée

Étape 8:
Le philosophe

"Si le philosophe n'est pas heureux, il n'est pas vraiment philosophe."
(Roger Fournier / Journal d'un jeune marié)

Je m'arrêtai quelques instants pour voir où je me situais précisément, car ma destination me mena directement droit à un mur, et ce n'est pas juste une façon de parler.

Devant celui-ci, il y avait un homme, un verre à la main en train de contempler ce mur. Je me demandais bien pourquoi il le regarda ainsi. Alors, j'allai à sa rencontre :

Y « Bonjour mon ami, excusez-moi de vous interrompre devant l'admiration que vous avez pour ce pan de mur, mais je….. »

(Il m'interrompt)

P « Votre ami ? À qui ai-je l'honneur de m'adresser en cet instant ? Après la pluie, vient le beau temps ! »

Y « Je m'appelle Yoann et je suis à la recherche du gardien, et à mon tour de vous demander la même courtoisie de savoir qui vous êtes ! »

P « Je suis ce que je suis et cela depuis que le monde est monde »

Y « Et pourquoi contemplez-vous ce mur ? »

P « Je cherche le moyen de passer de l'autre côté, mais visiblement, c'est impossible ! Que voulez-vous ? c'est la vie ! »

Très intrigué, puisque le mur en question ne faisait qu'un pan d'à peine trois mètres de large, je lui fis remarquer, mais très vite, ce personnage me rétorqua sèchement :

P : « Comment osez-vous prétendre savoir mieux que moi jeune homme ? Je suis le seul à

savoir ce que vous n'êtes pas censé savoir !
Car vous croyez savoir, et qui de mieux que
moi peut savoir ? Le monde est ainsi fait !»

Y : « Cela tombe sur le sens ! Si vous
contournez le mur, vous pourrez…... »

(Il m'interrompt une seconde fois)

P « Que croyez-vous que je fais actuellement ?
Je sais ce que j'ai à faire, et je suis quelqu'un
qui va de l'avant ! Chacun voit midi à sa
porte ! »

Y « Pour l'instant, votre avant ne mène nulle
part ailleurs qu'au pied du mur »

P « Et c'est pour cela que je suis là, car c'est
au pied du mur qu'on voit mieux le mur ! »

Y « Et pourquoi vous faites des phrases toutes
faites ?….. depuis que le monde est
monde…...c'est la vie…….le monde est ainsi
fait…...chacun voit midi à sa porte…... »

P « Ce n'est pas comme ça que l'on dit jeune homme, vous vous trompez ! On dit Depuis que le monde est LEEEEE monde, c'est LAAAAAA vie, le monde EEEEEST ainsi fait….. »

Y « c'est ce que je viens de vous dire non ? »

P « Oseriez-vous me contredire ? Je sais que j'ai raison, et qui sème le vent récolte la tempête !»

Y « Alors, je vous laisse trouver la solution tout seul ! »

P « ça y est ! Vous vous offusquez pour un rien ! Je veux bien vous écouter pour la solution, et vous verrez par vous-même que j'ai raison. Mais il ne faut pas vendre la peau de l'ours avant de l'avoir tué ! »

Sur ces mots, je me suis rendu avec lui de l'autre côté du mur, mais me montrant le verso du pan, il me dit :

220

P « Vous voyez ? Nous ne pouvons pas aller plus loin ! Il y a toujours un mur, et deux tiens ne valent pas un tu l'auras ! »

Y « Mais il s'agit du même mur »

P « Bien sûr, vous avez cru quoi ? j'avais déjà songé à cette possibilité, et il n'y a aucune issue, Le monde est ainsi fait ! »

Y « Il n'y a absolument pas moyen d'avoir un dialogue avec vous ! »

P « Et qu'est-ce que vous croyez que l'on fait comme maintenant ? Il ne faut pas mettre la charrue avant les bœufs ! »

Un peu énervé, je lui dis :

Y « vous avez raison ! »

P « Vous savez jeune homme ? J'ai quelque chose à vous apprendre ! Nous sommes tous né le jour de notre naissance, et le temps se compte en Heures, et la pluie ne fait pas le beau temps !»

Y « Pourquoi me dites-vous une chose que je sais déjà ? »

P « Parce que j'ai besoin de me sentir exister et être important ! Il faut séparer le grain de l'ivraie ! »

Y « Pas étonnant que vous soyez seul, impossible d'échanger des points de vue, toujours dans l'esprit critique, toujours à contredire, à exposer votre science vous croyant le meilleur, à m'apprendre ce que je sais déjà, et vos phrases se terminant par des paraboles, est-ce que quelqu'un vous supporterait dans ces conditions ?

P « C'est vous qui êtes toujours dans l'esprit critique et qui me contredisez ! Qui sème me vent récolte la tempête ! Le monde est ainsi fait ! C'est la vie ! »

Y « Je vous laisse face à votre mur où vous n'irez nulle part »

P « Très bien, maintenant, laissez-moi ! Je dois continuer ce que j'étais en train de faire, et vous m'avez coupé dans mon action ! Pour passer le mur, c'est sur votre gauche ou sur votre droite ! Quand la lune se lève, le soleil se couche ! C'est la vie !»

Un brin irrité, je me remis en marche vers ma quête, il me vint l'inspiration suivante, qui de mieux qu'un roi peut connaître son royaume ?

Durant notre vie, nous faisons face à des philosophes. Je ne parle pas des vrais, mais du genre d'individu qui ne vivent pas dans le Stendhal ou dans le Cendrars, mais qui ont une très haute opinion du monde comme si c'était eux-mêmes qui l'avaient conçu !

Ces philosophes, nous les croisons partout dans notre quotidien, ces individus qui disent aller partout, mais qui ne vont nulle part, et toute ma vie durant, j'ai rencontré, et je continue encore, ces personnes sans saveur, avec qui il est impossible d'échanger quoi que ce soit, toujours à se croire supérieur aux autres.

Ces même qui font ma bonne fortune sur ces lignes, une typologie humaine très courante qui sentent le vécu, mais qui ne le respirent pas.

Ils sont souvent , malheureusement, leurs propres victimes dans cette affaire, car leur esprit fataliste se retrouve face à un mur qu'ils se sont bâti, et ne peuvent entrevoir d'autres champs de possibilités que ceux qu'ils se sont fixés.

Ils se réfugient dans leur condition sociale, n'ayant que pour véritables références du Desproges ou du Colucci, et qui se croient les rois du monde en n'ayant lu que très peu de livres de vrais philosophes.

Ces mêmes qui nous expliquent le sens de la vie sans savoir comment améliorer la leur. Ils ont un très fort conditionnement mental que même s'ils lisaient quelques pages (par miracle) d'un auteur réputé, ils trouveraient encore à contredire.

Ce sont des esprits véritablement fermés, bornés, qui se retrouvent souvent seuls. Pour eux, le problème est en face et il est impossible de le contourner. Ils n'écoutent personne et il ne sert véritablement à rien de les aider.

Justement, c'est comme parler à un mur.

Ce genre d'individu font de la philosophie qui n'use pas le banc des écoles, mais les pavés, ils ont une vision très étriquée du monde et n'ont pas cette soif de connaître davantage qu'ont les vrais philosophes, de se dire qu'il faut creuser plus loin le savoir, et non de répéter bêtement ce que l'on peut lire dans les livres, en balançant du Platon à toutes les sauces.

Qu'est-ce qui a fait de moi un auteur ? Juste parce que je le mentionne là maintenant ? Pas du tout, ce qui a fait de moi un auteur, c'est « l'effort », ce qui veut dire que j'ai travaillé dur et longuement pour arriver à ce résultat, beaucoup de doutes et de remises en question, de nombreuses interrogations sur ce que j'allais faire pour y arriver, des heures d'écritures, de réflexions, parfois dans des conditions pénibles.

Qu'est-ce qui m'a poussé vers le développement personnel et la nature humaine ? Il y a plus d'une dizaine d'années de cela que ces sujets m'intéressent et ils sont venus tout naturellement, et vous savez comment ? Avec ce que j'ai déjà traversé dans l'enfance, ainsi que dans l'âge adulte, j'ai connu des difficultés étant plus jeune, à subir le rejet des autres, mais au fil des années, et grâce aussi à de nombreuses lectures sur le sujet du développement personnel, j'ai appris comment gagner cette confiance qui me manquait tant !

De ce fait, tout ce que je subissais en moqueries, en critiques qui m'ont affaibli psychologiquement, j'en ai fait un instrument, celui de mon inspiration, non pas en apprenant des autres, mais de moi-même. Ce qui faisait ma faiblesse dans le passé, j'en ai fait une force, et j'avoue que plus on me critique, et plus cela m'inspire, et cela m'a été très utile dans le sens où je suis devenu un auteur de best-seller…….en apprenant de la nature humaine. En fait, j'avais tout à ma disposition pour réussir et l'humain par son arrogance déplacée continue à le faire pour moi, me donner du grain à moudre, et j'adore ça ! Et si je devais dire une chose à ceux qui m'ont critiqué ou moqué, ce serait…….UN GRAND MERCI !

La nature humaine fait grande école pour ma part, et je pense que beaucoup d'entre vous devraient s'en inspirer plutôt que d'en souffrir, car vous êtes meilleur qu'eux, dans le sens où ceux qui vous critiquent sont en quelque sorte, des faibles. Aucun courage, aucune motivation, juste un sens critique et de la moquerie, rien de plus. Mais ne leur demandez pas d'essayer de s'en sortir, ils ne le feront pas, car ils ont peur de sortir de leur zone de confort, ils ont peur des « on dira que…. », paradoxalement, ils aiment critiquer, mais ont peur de l'être.

Aussi, pour ne pas en dire que du mal, car ce que j'évoque n'est qu'un cas de figure, la nature humaine me passionne par sa diversité, car je trouve que nous avons beaucoup à apprendre d'elle. Tant terre à terre et fataliste que constructive (enfin ! Constructive, le mot là aussi se savoure à toutes les sauces!).

J'ai appris aussi que la nature humaine peut se tromper lourdement et certains préfèrent persévérer malgré tout dans l'erreur, à leur acharnement à ne voir que ce qu'ils acceptent comme vrai ou comme faux sans autre forme de procès, et sans chercher à voir au-delà des autres possibilités qu'offre le monde. Pour eux, « c'est comme ça et cela doit rester comme ça ! Point ! ».

Ce qui ramène à ces philosophes de comptoirs, ces « oiseaux rares » (pas si rares que ça!), auxquelles toutes sciences sont acquises, en écartant la possibilité qu'ils puissent faire fausse route. Comme emprisonné dans l'illusion du vrai, dans une cellule d'utopies, et en dehors de cette cellule, tout un univers de possibilité qu'ils ne peuvent voir, et pourtant, tout le monde détient la clé de ces geôles que nous bâtissons nous-mêmes !

Mais le sage est celui qui sait qu'il y a encore un long chemin vers la connaissance ultime, bien que celle-ci n'existe pas ! Pourquoi ? Parce que l'univers des possibilités est vaste et infini, et l'homme observateur et réaliste n'en explore que les balbutiements, il est en phase embryonnaire du savoir !

L'être humain dans son esprit conçoit une idée toute faite du monde, à se dire qu'atteindre ses objectifs est « impossible », que nous sommes destinés à ne suivre qu'un seul chemin, bien aligné, comme un troupeau que l'on mène à l'abattoir, et si la conscience absolue de l'être nous montrait toutes les possibilités, l'être humain, dans son effort et sa soif de découverte évoluerait encore et encore !

Ce qui est fort dommage, car constat fait et on ignore pourquoi, l'homme cesse d'avancer à l'âge adulte, est-ce son côté fataliste à se dire que de toute façon il est trop tard et qu'il faut accepter son triste sort sans se battre ? Est-ce ce sentiment d'affirmation de soi de se dire qu'une fois adulte, nous devons tout savoir ? Ou est-ce qu'il a été longuement influencé par le monde extérieur ? (amis, famille, collègues, etc.....).

Le mot « IMPOSSIBLE » ne devrait jamais exister, c'est ce qui tue le rêve humain et sa réalisation, c'est ce qui l'empêche de se dire « pourquoi pas ? Je devrais essayer ça! ».

Ce qui bloque l'humain, c'est qu'il se dit que de toute manière, il va échouer, mais il oublie qu'aucune victoire, ou aucun succès n'est faisable sans cet élément, et tous les grands auteurs comme Robert Kyosaki vous le diront !

En acceptant que l'on puisse se tromper, au lieu de rester bloqué dans le « ce n'est pas pour moi ! ». toute réalisation se fait dans l'échec et la persévérance, tout est possible dans l'action et le recommencement, et il faut certes se doter d'une bonne dose de courage et de détermination pour y arriver !

Qui n'a jamais connu la douleur ? Qui n'a jamais connu le doute ? Qui n'a jamais pensé à baisser les bras dans toutes les personnes ayant réussi à avoir la gloire tant convoitée ?

L'homme a été longuement influencé par le monde extérieur, son esprit a été tellement manipulé dans sa condition sociale, tellement on lui a tambouriné ce mot depuis l'enfance…. « IMPOSSIBLE », et l'homme adulte subit, abandonne, accepte, philosophe sur la vie sans la connaître vraiment, mais dans tout ça, il y a une chose qu'il ne fait pas, c'est rêver et réaliser ses rêves ! Comment ? En essayant de s'y accrocher et en acceptant l'échec comme l'allié de sa réussite future, puis réessayer encore et encore en forgeant sa vie dans l'effort, et c'est comme cela que l'on se bâtit une expérience, en se battant et non en se résignant et devenant faux prophète du terre à terre.

Et pourtant, il existe une porte d'accès à nos rêves, c'est l'imaginaire, dans le sens créatif et artistique du terme. Regardez ceux qui réussissent, ils travaillent dur, ont une imagination débordante, ont dressé leur plan de vie, celle de leur rêve. Ce petit brin de folie qui transforme le statique spéculatif en réel.

C'est tenter sans rester figé dans les standards communautaires et d'arrêter d'être conditionné comme un petit robot sage et de croire tout ce que l'on vous a dit, que vous étiez nuls, que c'était impossible, mais est-ce que vous avez observé tous ceux qui vous ont dit ça ? Leur vie est-elle meilleure que la vôtre ? Ont-ils du succès ? Ils n'ont rien d'autre que du « blabla…. » (faites ce que je dis et non ce que je fais ! ».

Il n'y a que dans l'effort que l'on devient plus grand et plus fort, agir, se donner de l'expérience, tenter, et non en se laissant endormir par de vains bavardages, du baratinage ou de l'affabulation.

Il faut une bonne dose de courage pour persévérer malgré les obstacles, et c'est là que l'on observe le gagnant et le battant. Et agir n'a pas le même sens que blablater inutilement.

Quant aux philosophes de comptoir, vous l'observerez se lamenter inutilement sur la condition humaine, bloqué par le même mur psychologique, sans rien apporter d'autre que des bavardages sans fond ni vécu.

Évitez de les écouter ! Fuyez ! Et entourez-vous de personnes avec qui il est possible d'avoir un vrai dialogue dans le respect de tous ! Et ceux-ci vous diront que tout est possible et vous encourageront à réussir, comme je le fais, sans distinction d'appartenance à un groupe social ou autre, l'être humain ignore réellement ses compétences et jusqu'où il peut aller s'il ne tente rien. Et il doit agir selon son coeur, et non selon ce qu'on lui a appris.

**

Règle n°4

Agissez selon votre coeur
et non selon ce que vous avez appris

**

Aramon, Sarrians et Orgon

Croisent le même horizon

Grand mestre, socle est posé

Tenant Ponant vingt huit coudées

Nul être ne point traverser

Étape 9:
Le roi

"Etre roi est idiot ; ce qui compte c'est de faire un royaume."
(André Malraux / La voix royale).

Une immense cité se dressait devant moi, tenu par un garde. Comment se faisait-il que ce fut le seul à surveiller ce gigantesque royaume ?

Je m'approchai de lui pour lui demander de rencontrer le roi.

Y « Excusez-moi, je suis en quête d'un roi et je voudrais savoir…. »

(il m'interrompt)

G « Lequel je vous pris ? »

Y « Pourquoi ? Il y en a plusieurs ? »

G « *Nous sommes tous les rois de notre propre royaume, d'ailleurs, je le suis moi-même !* »

Y « *Mais comment se fait-il que ce soit vous qui surveillez ce royaume ?* »

G « *Parce que personne d'autre n'est capable de le faire, et pourtant, ils se sont tous autoproclamés rois, laissant le vrai roi à l'entrée de celui-ci !* »

Y « *Ils ont fait une mutinerie et ils vous ont mis dehors ?* »

G « *C'est plus compliqué que cela ! Ils m'ont désigné roi pour que je sois le garant de leur sécurité et de leur prospérité, mais ils ont choisi d'avoir le contrôle du royaume à ma place ,en prenant des décisions absurdes, et n'ayant pas mon mot à dire sur les choix qu'ils font, juste qu'ils me demandant de résoudre leurs mauvaises décisions !* »

Y « et ils sont en sécurité dedans pendant que vous prenez des risques pour eux ? Pourquoi ? »

G « Parce qu'ils n'assument rien de ce qu'ils font, ils croient être dans le vrai et me causent de nombreux problèmes avec les royaumes voisins, la preuve en est, vous êtes là ! »

Y « comment ça ? Je ne possède aucun royaume ! »

G « Nous possédons tous notre propre royaume, mais il demeure caché pour celui qui n'en a pas conscience ! Et ici, ils se sont tous réfugiés dans le mien, ayant des envies de grandeur et de prestance, savourant les bons moments de la vie, ne connaissant absolument rien au monde, mais aimant l'expliquer ! »

Y « Très bien ! Mais je ne suis pas venu ici pour en débattre, et je ne recherche que le gardien du temple ! »

G « Il est juste en face de vous ! »

Y « Mais je croyais que vous étiez le roi ! Je suis un peu perdu, dites-moi qui vous êtes ! »

G « Je vous l'ai dit ! Le gardien du temple, c'est moi, mais je suis le grand roi du royaume des rois ! »

Y « Impossible que vous soyez le gardien du temple ! »

G « Vous vous y méprenez jeune homme ! Je suis effectivement le gardien de CE temple ! Le vôtre, il vous faudra le trouver ! »

Y « et comment pourrais-je y parvenir ? Quelle route dois-je prendre ? »

G « vous avez visiblement fait un très grand voyage pour arriver jusqu'ici, et je comprends votre empressement pour trouver ce que vous chercher, mais rassurez-vous, il n'est pas très loin, je dirais même qu'il est bien plus près de vous que vous ne pouvez l'imaginer ! Mais il est hors de question de vous laisser rentrer *dans mon temple, car à l'intérieur ; tout le monde semble en avoir pris le contrôle, et je ne veux être je garant d'un nouvel individu qui ne recherche pas son propre royaume ! »*

Y « pouvez-vous m'indiquer au moins la route pour y parvenir ? »

G « inconsciemment vous connaissez cette route, pour cela que je ne vous l'indiquerai pas ! »

Y « Pourquoi vous ne voulez pas me le dire ? »

G « Vous êtes un roi, je vous l'ai dit ! Et pourquoi devrais-je vous dire quelque chose que vous seul connaissez ? C'est ce que je trouve curieux, tout le monde, même dans mon royaume veut prendre des décisions, mais ne pas prendre les responsabilités qui vont avec ! Alors, ils demandent au gardien de surveiller le royaume qui est en péril de décisions incertaines ! »

Y « *Vous ne voulez absolument rien me dire ? Je perds mon temps ici, je croyais vraiment que vous pourriez m'aider !* »

G « *Si vous recherchez le gardien de votre temple, il suffit de vous rendre dans le village voisin, quelqu'un là-bas pourra vous l'indiquer, demandez le magicien, je l'ai rencontré depuis peu, et il vous aidera dans votre quête* »

Y « *Merci de votre aide grand roi, et j'espère que vous reprendrez un jour le contrôle de votre royaume !* »

G « *Espérer est vain, tout se passe en cet instant, et grand roi je suis, gardien je resterai ! Je vous souhaite bonne chance dans votre quête jeune homme !* »

Cette rencontre m'a laissé songeur, et dans le fond, qui est le roi de son royaume ? Est-il possible d'en perdre le contrôle ? Chaque décision que nous prenons met-il en péril notre destinée ? Et qui est encore capable d'assumer ses choix ? j'en apprends tout le temps dans cette aventure, et elle ne fait que commencer, car tout n'est qu'un début, rien qu'en cet instant !

Mark W.Brinton disait :

« La valeur d'un homme ne se mesure pas à son argent, son statut ou ses possessions. La valeur d'un homme réside dans sa personnalité, sa sagesse, sa créativité, son courage, son indépendance et sa maturité. »

Quand vous arriverez à la dernière ligne de ce livre, vous comprendrez énormément de choses,et en l'écrivant, je ne l'ai pas fait par le fruit du hasard.

Dans cette section, je vous invite à comprendre cette nuance, celle d'avoir le titre de « roi », et être vraiment « roi ».

Tout le monde souhaite avoir de l'importance aux yeux des autres, et obtenir une valeur ajoutée à une vie qui semble sans saveur, mais ne le faisons pas en se créant un personnage qui demande énormément de sagesse et d'apprentissage.

Il faut avant tout rester soi-même et ne pas tenter de maîtriser une vie qui n'est pas la nôtre. Je ne dis pas que vous n'êtes pas fait pour cela, mais qu'il vous faut encore parcourir du chemin pour y arriver, et vous comprendrez ce qu'est une vraie valeur.

L'être non conscient aime se donner de l'importance, car il a des envies de grandeur et veut être roi à la place du roi, seulement, il ne fait que s'identifier à une « idole », que ce soit un chef, un directeur ou un héros de la guerre.

Pour cela, il utilise bon nombre d'artifices telles des décorations ou des beaux costumes, et grâce à cela, il croit connaître son rôle et ne fait que copier les vraies personnalités.

Sa langue étant généralement bien pendue, l'être non conscient s'invente une vie, sans connaître en détail ce que cela implique, il narre une existence qui n'est pas la sienne et aime diriger et avoir un pseudo contrôle du monde qui l'entoure.

Qu'il est facile de jouer les paons alors que l'être inconscient n'est qu'une poule, et il est tellement ancré dans ce scénario qu'il a du mal à en sortir, et s'acharrne dans l'autoconviction en frappant du poing sur la table pour affirmer ce qu'il croit être.

Mais en cas de crise grave, il se sent perdu, comme s'il venait de découvrir le vrai sens des responsabilités, n'ayant aucune expérience des conflits extérieurs, et paradoxalement, ce genre d'individu demande aux vrais de résoudre les problèmes à leur place.

Quand un être atteint un statut social important, ce n'est pas sans raison, il y a derrière cette réussite toute une série de souffrances, d'échecs, de force mentale pour surmonter les épreuves et continuer à avancer malgré tout. Cela ne se fait pas en un jour, il y a un temps d'adaptation à sa nouvelle condition, et être capable de supporter tout sur ses épaules.

Comme il est dit dans cette étape, chacun est roi dans son propre royaume, ce qui veut dire que nous sommes tous responsables consciemment ou non de ce que nous faisons et des choix que nous avons, d'haïr ou d'aimer.

Et c'est ici qu'il faut assimiler l'importance de chaque instant de notre vie, de la manière dont nous évoluons, ce qui veut dire aussi que si nous nous entêtons dans l'erreur, nous continuerons inlassablement à échouer dans nos projets.

Peut-on les raisonner ? Ils sont programmés de cette manière, et c'est un cercle sans fin. Des fois, on a l'impression qu'ils le font exprès, ou qu'ils en ont conscience, mais que malgré tout, ils ne font rien pour changer leur mentalité.

Mais d'un autre côté, ce sont des individus victimes d'elles-mêmes, et qui ne veulent avouer leur ignorance, surtout à l'âge adulte.

Au lieu de cela, ils veulent avoir le sentiment d'avoir le contrôle et vivent dans les excuses récurrentes, mais regardez où ils en sont ! Est-ce qu'ils ont évolué quelque part ? Est-ce la faute des autres comme ils le disent si bien ?

Cela fait partie de l'un des aspects de la nature humaine qui persévère dans l'erreur, mais comment raisonner un adulte censé être responsable ?

Sur la cime des trois vallées

Des indices y sont cachés

Trésors et pièces, vous y découvrirez

Si mestre du silence

Vous en donne la chance

Étape 10:
Le magicien

"L'univers est rempli de magie et il attend patiemment que notre intelligence s'affine."
(Eden Phillpotts)

Mon histoire commence en cet instant, mais j'ignore de quelle manière elle a débuté. Tous ceux que j'ai croisés dans mon trajet me semblaient bien étranges, et j'étais encore très loin d'imaginer, si seulement je pouvais « être », quelle destinée m'attendait au bout de ce périple obscur ?

Qui suis-je réellement ? Un créateur ? Une création ? l'oeuvre de cet esprit fertile qui m'a fait croire au songe d'un instant sur terre ? Je ne le savais point, tout ce qu'il me restait, c'est cette pensée tronquée et une vulgaire clé qui n'ouvrit aucune porte, ou du moins, je n'en avais pas encore conscience en cet instant.

En continuant sur mon trajet, je vis un village isolé, et je me suis demandé sur quel genre d'individus j'allais encore tomber. Mais me rapprochant d'un peu plus près, tout semblait silencieux, et poussant les portes de l'enceinte de ce lieu, il y avait moult agitations, des villageois se promenant chapeau tenant et gentes dames accompagnantes. Tout était bien coordonné, chacun des habitants à sa tâche habituelle, se promener ou travailler, il y avait un boulanger, un boucher, le curé discutant avec un policier, je me sentis comme au début du XXème siècle.

À l'un d'eux se trouvant en face de moi, je posais la question suivante :

Y « Bonjour Monsieur, désolé de vous interrompre à vos occupations, mais je recherche le magicien, et on m'a dit que je le trouverai ici même !

V « Oulah ! Sacrebleu, si c'est ce qui vous amène ici étranger, vous le trouverez dans la *taverne qui se trouve juste à l'angle, derrière le marchand de poissons.»*

Prenant congé de cet individu, je me dirigeais dès lors vers la taverne qu'il m'a indiquée. Je poussais la porte, et tous les regards se tournèrent vers moi. Et l'un d'eux disait :

V « voilà du nouveau ! Je suis presque sûr qu'il cherche lui aussi le magicien ! »

(et tout le monde se mit à rire !)

Y « que se passe-t-il ici ? Et pourquoi riez-vous ?

V « Mon brave ! Excusez cette taquinerie, mais vous n'êtes pas le premier à venir ici en quête du magicien ! c'est presque devenu une habitude ici !

Y « Pourquoi dites-vous ceci ? Et quel est cet établissement ? »

V « Une taverne, ne voyez-vous donc pas ?
Regardez autour de vous ! À votre avis, nous
sommes ici pour compter les verres ? »

(rires encore…..)

Y « Justement, si c'est une taverne, qui vous
dit que je cherche un magicien ? Ne vous êtes-
vous pas posé la question si j'étais là juste
pour me désaltérer ? Du moins, à ce que
l'enseigne me dit ! Ou suis-je dans un comité
de vendeurs à petites blagues ? »

(Un silence s'installe!)

Le tavernier me demanda ce que je souhaitais
consommer, et vu l'ambiance, je n'allais pas
me contenter d'une limonade dans cet
environnement hilare.

Y « Je prendrais comme ces messieurs s'il vous
plait ! »

T « Alors, une bière pour vous ! Excusez cet
accueil un peu agité, ces hommes ont pas mal

consommé, et il est rare d'avoir de la visite autre que les habitués de ce lieu ! »

Y « Ne vous en faites pas ! Je connais ce genre d'établissements où ceux qui y viennent n'en ressortent pas très frais ! Puis-je vous avouer une chose ? »

T « Allez-y ! dites-moi, et je connais déjà votre question, vous cherchez effectivement le magicien ? »

Y « C'est exact, mais je ne souhaite pas le demander à cette communauté un peu éméchée ! »

T « Un peu, vous trouvez ? » (rire) « si c'est lui que vous recherchez, vous le trouverez dans la bibliothèque du village ! »

Y « La bibliothèque ? Je n'ai point vu enseigne m'indiquant celle-ci ! Où puis-je la trouver ?

T « Haaa mon brave ! Cela fait des lustres que celle-ci est inoccupée, sauf bien sûr par le seul maître des lieux, mais de nombreuses âmes y résident, on dit qu'elle est hantée ! c'est le bâtiment qui se trouve à plusieurs mètres de là, et vous la reconnaîtrez ! l'endroit semble à l'abandon, et personne n'ose s'y aventurer»

Y « Le pauvre, il doit se sentir bien seul dans ce bâtiment entouré de toutes ces âmes errantes. Je vous remercie de votre aide ! Combien vous dois-je pour la bière ? »

T « Je vous l'offre ! Vous avez fait toute cette route pour trouver le magicien, cela mérite bien une bière ! Cela dit, je vous souhaite bon courage, car beaucoup ont essayé et abandonné, pour cela que mes clients connaissent bien ce lieu et ceux qui ont tenté de s'y aventurer ! »

Après cet échange, je quittais la taverne, cet endroit que je trouvais bien pire que ce que j'allais y découvrir. Et je me dirigeais maintenant vers le lieu indiqué, cette sinistre bibliothèque abandonnée dans laquelle personne ne s'y est aventuré.

À l'entrée de celle-ci, sur le sol, il y avait une inscription, des feuilles la recouvraient, et avec mon pied, j'écartais ces feuilles, et je vis ce qu'il y était noté :

« Ceci n'est pas la demeure du magicien, mais vous trouverez le chemin menant à lui en y entrant ! »

Une énigme plutôt obscure que j'eus du mal à résoudre, mais voulant en savoir un peu plus, je décidai d'entrer quand même, je poussais une grande porte très ancienne dont le grincement me fit frissonner de peur, comme un indicateur de ce que j'allais y trouver. L'endroit me sembla sombre, éclairé juste par la lueur d'une bougie, mais qui l'avait allumé ?

Il y avait des toiles d'araignée partout, des bruits étranges, comme si je n'étais pas seul, et tout d'un coup « boum » un livre tombe pile en face de moi, il semblait venir de très haut, des étages supérieurs.

B « Qui est là ? » répondait une voix sinistre .

Je me figeais d'un coup et vis au loin un homme tenant une bougie, il était derrière ce qui ressemblait à un guichet.

Y « Bonjour Monsieur, je recherche le magicien »

B « Qu'est-ce donc ? » répondit cette voix qui semblait faire écho partout dans la demeure ! « est-ce un livre ? Je connais ce titre, avez-vous une carte d'abonné à la bibliothèque ? »

Interloqué, je lui posais cette question :

Y « Une carte d'abonné ? Mais c'est la première fois que je viens ici ! »

B « Rapprochez-vous ! Ne soyez pas timide ! Remplissez juste ce formulaire d'abonnement *en notant vos coordonnées que je puisse les rentrer dans ma base de données ! »*

Je remplissais ce formulaire et le tendis à cet homme qui se tourna vers ce qui ressemblait à un vieux Pc poussiéreux qui semblait n'avoir pas servi depuis des lustres.

B « Alors ! Mr MERITZA Yoann.......ça me dit quelque chose.......n'aviez-vous pas écrit un livre il y a quelque temps de cela intitulé « L'âme idéale »…. « L'ami fatal.…..hemm……. c'est quoi le titre déjà ?

Il chercha dans sa mémoire, tête en l'air et caressant son bouc, et je lui répondis :

Y « L'ami de l'âme ? »

B « Oui, c'est ça ! c'est un honneur de rencontrer un auteur tel que vous ici même ! »

Y « Désolé de vous dire ceci, mais je n'ai écrit aucun livre ! »

B « Et pourtant, je m'attendais à votre visite, car elle figurait dans les pages de ce livre ! Mais où est-ce que j'ai bien pu le ranger ? »

Y « Pardon, mais si vous attendiez ma visite, pourquoi vous étiez si surpris de me voir arriver ?

B « Parce que ce n'est qu'une histoire parmi tant d'autres, juste une histoire dont nous sommes les héros principaux, et ma mémoire me fait défaut, à lire tous ces livres…..chacun raconte une histoire à sa manière.

Y « Cela est bien intéressant ce que vous me dites là, mais cela ne me dit pas où je pourrais trouver le magicien ? »

B « J'avais bien compris votre question jeune homme, et ce que vous recherchez, c'est le titre d'un livre ! Il se trouve dans une des étagères de cette bibliothèque, mais c'est à vous de le rechercher, et vous abandonnerez comme tant d'autres l'ont fait, j'en suis persuadé ! »

Y « pourquoi dites-vous cela ? »

B « Le magicien est le titre d'un livre, mais il n'est pas écrit sur la couverture, celui-ci à été dissimulé sous un autre titre que vous devrez rechercher ! Est-ce bien pour cela que vous êtes venu, non ? »

Y « Oui, je comprends bien cher monsieur, et vous ne voulez pas m'aider ? »

B « Absolument pas ! Ceci est une quête qui doit s'effectuer seul, et je n'ai aucun pouvoir sur ce que vous allez décider de faire ! »

Y « Alors je vais prendre mon courage à deux mains et essayer de le trouver ! Pfiou ! La tâche me semble ardue ! »

B « dans ce cas, bonne chance à vous mon brave ! Et si vous avez besoin de moi pour autre chose, je suis là ! Vous pouvez me demander du thé, du café et tout ce que vous souhaitez, vous risquez d'être ici pour un moment ! De toute façon, j'habite ici ! »

Y « *Merci à vous !* »

Je me rapprochais de la première étagère, et je soupirais déjà. Derrière une tonne de poussière et en compagnie d'araignées ayant fait leur nid, se trouvaient des œuvres que je connaissais bien ! Il y avait de nombreux auteurs, allant de Marc Levy, Maxime Chattam, Stephen King pour les plus récents, à Marcel Proust, Victor Hugo, J.R.R Tolkien pour les plus anciens. Et il y avait aussi de vieux livres de science, de mathématiques, de philosophie, et rien qui m'indiquait où se trouvait le magicien .

B « *ne vous découragez pas cher ami !* » *me criait l'individu qui se trouvait maintenant à plusieurs mètres de moi !* « *Voulez-vous un peu de thé ?* »

Y « *volontiers ! Merci beaucoup !* »

pendant que j'entamais ma lecture, l'homme que j'avais rencontré m'offrit une tasse de thé.

Je lisais pendant maintenant des heures, à dépoussiérer chacun de ces livres, que la fatigue se faisait sentir.

Y « Il faut que j'aille me reposer ! Je n'en peux plus ! »

B « je vous ai prévenu, ce ne sera pas simple ! Installez-vous sur le canapé en bas ! Je vais me préparer à manger, ça ne vous dérangerait pas de vous joindre à moi ? Vous savez ? Je n'ai que très peu de visiteurs en ce lieu ! »

Y « Merci beaucoup ! Je veux bien me joindre à vous, et je lis depuis des heures, ça creuse ! »

Nous mangions alors ensemble et il me posa cette question :

B « avez-vous trouvé ce que vous recherchiez ? »

Y « non, pas encore ! Et c'est assez trompeur, car à ce que j'ai lu jusqu'à présent, il y a une véritable magie dans chacun de ses livres qui m'ont fait voyager et découvrir de nouvelles choses, j'ai appris beaucoup de chacun d'entre eux, et les auteurs de ces ouvrages sont de véritables magiciens des mots »

B « Vous êtes sur la bonne voie, mais vous ne l'avez pas encore trouvé ! Cherchez encore, il sera là où vous vous y attendrez le moins ! »

Y « Qu'est-ce que cela veut dire ? qu'il faut encore lire plusieurs de ces ouvrages ? »

B « Vous le trouverez, si vous savez faire preuve de patience ! Vous savez ? Vous êtes comme la plupart des personnes en quête d'un immense pouvoir ! Ils sont pressés de découvrir ce magicien, mais il ne se montre qu'à celui qui sait vraiment le chercher ! »

Y « Je me sens épuisé, et ma tête va exploser, nous reprendrons cette conversation plus tard, il est temps pour moi de vous laisser ! Merci pour le repas, je vous souhaite une très bonne nuit ! »

B « *Ne me remerciez pas, c'est tout naturel, c'est plutôt à moi de vous le dire pour la compagnie que vous m'accordez ! Bonne nuit à vous cher ami, je m'en vais reprendre mes activités, et me reposer aussi !* »

Alors que je me reposais, des milliers d'informations circulaient dans mon esprit, tout ce que j'avais lu me donnait de drôles de songes, des voyages entre Louis Ferdinand Céline et Romain Gary, ces lieux dans mon imagination me semblèrent étranges.

Au petit matin, je fus réveillé par une lueur qui passait au travers des vitres poussiéreuses de ce bâtiment, tout semblait éclairé dans la section que j'avais lue la veille.

B « *bonjour mon brave ! Bien dormi ?* »

Y « *Oui, ça allait, le canapé est confortable, mais je n'ai pas arrêté de repenser à mes lectures de la veille !* »

ℬ « c'est normal, car vous avez interpellé le magicien, et il commence à venir vers vous ! »

Je pris le café avec cette personne, et nous discutions de ce que j'avais lu, il me dit que ce n'est que le début, mais que j'arriverais à rencontrer ce magicien.

Je repris ma lecture là où je l'avais laissée ! Et les heures et les jours défilèrent, et plus j'avançais dans mes recherches, plus la bibliothèque semblait s'éclairer.

Plusieurs mois s'étaient écoulés depuis que j'avais commencé à lire tous les livres de cet endroit mêlant l'étrange et le fantastique, et arrivant à la fin de mes lectures, sans avoir trouvé encore ce magicien, il ne me restait plus qu'un seul livre à lire, et c'était celui dont j'étais l'auteur.

ℬ « Avez-vous trouvé ce que vous recherchiez mon brave ? »

*Y « Non, toujours rien ! Pas de magicien !
n'était-ce qu'une tromperie ? Il n'existe
pas ? »*

*B « Je vous affirme que si ! Réfléchissez bien !
En quel lieu peut-on trouver le magicien ?
Dans une bibliothèque non ?*

*Arrivé à la page de mon livre, évoquant la
discussion avec celui qui tenait cette
bibliothèque, j'eus comme un éclair de lucidité,
finalement, ce lieu, c'était l'antre de ce
magicien, mais on ne pouvait le trouver ! Je
recherchais une magie parmi ces livres et je l'ai
trouvé, et cela m'a fait dire qu'en fin de
compte, nous sommes tous des magiciens, ceux
du savoir et des mots. Et ce pouvoir, nous ne
l'exploitons pas assez.*

*Le magicien a été toujours avec moi…..et en
moi, j'étais ce que je recherchais !*

Vous n'avez pas encore conscience du
véritable pouvoir de ce livre et de celui qui
réside en chaque être humain, et même si vous

prétendez le contraire, laissez ces lignes arriver jusqu'à leur destination, et toutes vos interrogations trouveront une réponse quant aux choix que j'ai fait en écrivant ces textes invraisemblables me diriez-vous, mais qui ont un sens profond pour les esprits en phase d'éveil.

Il y a une véritable magie en chacun de nous, et grâce à elle, il est possible de transformer notre vie, pour celui ou celle qui y croit vraiment, car il y a toujours un magicien ou un sorcier au fond de notre être.

Est-ce que quelqu'un d'autre que nous-même contrôle notre destin ? La réponse va vous paraître ambiguë si vous n'avez toujours pas compris qui vous êtes ! Laissez-moi développer !

Dans un premier temps, je répondrais « Oui » par rapport à l'image (ou aux « images ») que l'on nous a donnée dès l'enfance, de par l'éducation parentale ou scolaire, de par le milieu social et professionnel. En fait, c'est un sous-ensemble de ce que nous sommes réellement, un être vivant affublé de nombreux costumes, ceux que nous n'avons pas choisis quand nous étions plus jeunes, la porte était ouverte à toutes formes de croyances venant d'autrui, mais nullement de soi-même.

Nous avons ces images au fond de nous et ce sont celles qui constituent la plus grande partie de notre raison d'être, ou c'est du moins ce que nous croyons.

Dans un second temps, je répondrais « Non », nous n'avons aucun contrôle sur notre destin, du fait que ce que nous aimons, est-ce que quelque part, nous a-t-on pas forcé un peu la main pour l'aimer ? Est-ce-que c'est ce que veut notre être profond ? Et en cela, nous avons perdu toute notre identité dans des croyances qui ne sont pas en accord avec notre vraie nature.

Je vous donne un exemple :

Au fond de nous résident deux êtres, l'un représentant le bien, et l'autre représentant le mal, un magicien et un sorcier (vous allez comprendre plus loin dans ces pages). Les deux se mènent une guerre sans merci, l'un pour dominer l'autre, mais réfléchissez bien mes amis, qu'est-ce qui donne autant de force à ces deux entités ?

Ce sont nos croyances !

Celles que l'on nous a inculquées justes ou fausses, ce que nous laissons rentrer ou sortir de notre âme, et très peu de personnes ont conscience du réel pouvoir qui réside dans chaque croyance, et le monde (le vôtre) se constitue de cette manière.

Imaginez un individu qui va consulter une sorcière pour jeter un sort sur une femme ou un homme pour des raisons plutôt obscures.

Celle-ci fait en sorte d'exaucer son souhait sous réserve qu'il lui verse la somme de 5000€.

L'individu n'ayant pas honoré son paiement, la sorcière prononça ces mots

« Vous connaîtrez toute une vie de malheur »

La croyant sur parole, toute une série d'événements se produit dans sa vie. Dettes, problèmes familiaux, chômage, et il se croit sous l'emprise d'un mauvais sort, mais inconsciemment, c'est lui-même qui lui donne de la force à cause de ses croyances, et il est rentré dans une forme de cercle vicieux. Et tous les événements renforcent davantage ces croyances.

Alors, il va voir ensuite un exorciste qui va l'aider à se libérer de ce « mauvais sort », il se débarrasse ainsi de la forme de malédiction dont il était l'otage, toute une série d'événements bienheureux lui arrive par la suite.

L'esprit humain est un énorme générateur très puissant qui donne de la force aux croyances

Les croyances sont l'essence même de ce monde depuis qu'il existe, de celui dans lequel nous vivons, et inconsciemment, nous donnons beaucoup d'énergie et d'impulsions à ce que nous croyons vrai ou faux, au fur et à mesure que nous avançons.

Vous vivez dans un monde en préfabriqué et les conséquences de ce que vous croyez sont toujours à la hauteur de vos actes.

Recherchez le vrai magicien qui est en vous, il possède un très grand pouvoir, celui de changer considérablement votre vie, mais le problème est que l'être humain évolue dans une société conditionnée et hermétique, se croyant libre de choisir, mais dans le fond, qu'est-ce qu'un choix ? Il n'y en a pas et vous agissez selon les croyances inculquées. Il n'y a pas de malheur ou de bonheur, il n'y a que vous qui en êtes les créateurs. Et vous semblez tellement enfermé dans ce monde que vous n'y croyez pas du tout, ou toutefois, vous commencez à douter et ouvrir les yeux !

Qui sommes-nous vraiment ?

Vous aurez tout le loisir de le découvrir au fil des pages et ce qui va suivre risque de vous surprendre !

Dans sa forteresse de braises

Résidait un grand roi celte

Visible depuis une brèche

De pierres et d'os, la lueur du jour

Montrait le chemin vers Odin

Étape 11:
Le sage

"Le sage sans jamais faire de grandes actions,
accomplit de grandes choses. "
(Lao-Tseu)

En apprenant un peu plus de ce « magicien »,
j'eus compris que je ne me trouvais jamais
point loin du temple où se trouvait le gardien,
mais ce périple au travers de ces pages fut
long, et j'eus besoin de m'asseoir un peu le
temps de reprendre mes esprits .

Tout d'un coup, une voix se fit entendre.

S « Ne faites pas cela ! Cela vous
détruirait ! ».

à cette voix qui semble à la fois si lointaine et
si proche je répondis

Y « qui s'adresse à moi en cet instant ? »

S « Inconsciemment, vous savez qui je suis ! Je suis partout et nulle part, une âme qui connaît la vérité que vous recherchez ! Tout comme vous, vous connaissez cette vérité, l'avez utilisé, sans jamais en avoir eu conscience ! »

Je lui répondis plutôt perplexe
Y « De quoi me parlez-vous ? »

S « De reprendre vos esprits bien sûr ! »

L'ai je pensé tellement fort que cette voix se fit entendre ? J'ignorais comment il s'y était pris, mais ma curiosité devenait plus forte que de raison et je lui demandai :

Y « Pourquoi ne devrais-je pas reprendre mes esprits ? »

S « Ce sont ceux que vous avez rejetés tout le long de votre existence jeune homme ! Les esprits qui vous ont suivi tout le temps et à qui vous avez tourné le dos, mais ils ont fait comprendre leur présence en s'agitant dans vos pensées ! »

Y « Pourriez-vous m'en dire un peu plus sur vous ? Car j'avoue être un peu perdu, vous me dites que je sais qui vous êtes inconsciemment, mais je vous demande jute de m'aider un peu, car j'ai beau faire des efforts, je ne comprends toujours pas ! »

S « Je suis celui qui permet de rêver et imaginer un monde meilleur, celui qui ouvre les portes du côté invisible de l'être pour celui qui ne vit pas en soi, je suis la plume, le papier et l'encre, l'essence de ces lignes, à la fois créateur et création, mais qui de nous a créé l'autre en premier ?»

Sur ces mots, il me remit un livre dont le titre était quelque peu troublant, il s'intitulait « l'ami de l'âme », le même que vous tenez entre vos mains actuellement amis lecteurs.

Y « De quoi parle exactement ce livre ? »

S « Il s'agit de votre aventure, la mienne et celle de notre vie à tous, même de celui qui arrive à décrypter les lignes de cet ouvrage ouvrira les portes de notre esprit, et dès lors, tout sera possible si nous en prenons tous conscience »

Y « Vous connaissez l'auteur de ce livre ? »

S » Dans le fond, qui est l'auteur ? Vous ? Moi ? Si ma conscience me dicte de devenir l'auteur, je le deviendrai, on devient toujours ce à quoi l'on pense ! »

Y « Qu'est-ce que cela signifie ? j'aimerais davantage de réponse ! »

S « De ce que vous savez déjà et de ce que vous recherchez, il y a une très courte distance entre ces deux chemins, il y a un passage entre ces deux mondes et je connais ce passage, voulez-vous découvrir enfin votre vraie nature ? »

Sur ces mots, celui que j'appelle « le sage », à moins que cela soit l'auteur de ce livre qui en décida ainsi, m'emmena dans une sorte de tunnel, un endroit très sombre où l'émotion dominante était croisée à de l'enthousiasme et à la peur de ce que j'allais y découvrir. Et le sage m'accompagna.

Alors que je m'avançais dans l'obscurité, une lumière vive jaillit, elle était chaude, rassurante, et au loin, je pouvais distinguer une silhouette.

Quelque chose en moi était apaisé, et je posai la question suivante à cette forme lointaine

Y « Qui êtes-vous ? Je n'arrive pas à vous distinguer ! »

D « Je suis l'être aux mille visages, bien que j'en aie plus de 7 milliards, celui qui a plusieurs noms, le pur et le divin, l'alpha et l'oméga, celui que l'on nomme sans savoir où il se trouve, celui que l'on cherche, mais qui est toujours en son temple ! Mais appelez-moi père céleste si vous voulez !»

Y « Vous êtes Dieu ? »

D « Tout le monde me donne différents noms, mais si c'est celui que vous avez choisi, alors je le serai pour vous ! »

Y « Peut-être pourriez-vous m'aider dans ma quête, je suis à la recherche de celui que l'on nomme le gardien du temple »

D « Vous n'avez toujours pas compris ? dans cette aventure, nous sommes tous les gardiens de notre temple, même l'auteur de ce livre en a conscience, tout le monde attend des miracles, mais je suis les miracles qui vivent en chacun des êtres humains, et attendent en espérant des réponses de ma part, alors que chacun les connaît s'ils pouvaient ouvrir leur esprit avec ce qu'ils possèdent ! »

Alors qu'il s'avançait plus près de moi, je vis quelqu'un qui me ressemblait trait pour trait, et j'eus l'impression d'être devant un miroir, tellement il était une copie conforme de ma personne. Et il prononça ces mots :

D « Je suis toujours à l'image de mon prochain et la réalité est ce que vous en faites jeune homme. *Nous sommes tous créateurs et créations, on me dépeint sous différents traits, mais le seul vrai visage que j'ai est celui qui est en chaque être. La vérité se révélera à vous si vous apprenez qui vous êtes !»*

Sur ces mots, il me montra quelque chose que j'avais gardé depuis longtemps, ce que lui ou nous tous appelons la foi, et chaque individu dispose de cette foi à petite ou grande échelle. Alors je pris ce qu'il me montrait, cet objet était accroché à mon collier comme un pendentif...... c'était une clé, et il me dit :

𝒟 « *Maintenant, vous savez qui vous êtes et qui vous recherchez ! Ouvrez donc cette porte !* »

𝒴 « *Je ne vois aucune porte* »

D « C'est parce que vous ne la voyez pas encore, mais je vais vous indiquer l'accès qui s'ouvre aux tréfonds de votre être !»

Et m'indiquant mon coeur, je compris que c'était la porte, j'entrais la clé dans la serrure, et dès cet instant, j'avais atteint un nouveau stade, celui de l'éveil spirituel.

Au début de ce livre, je vous avais prévenu qu'il prendrait une toute autre dimension, et vous comprenez mieux pourquoi j'ai dit que je n'étais pas l'auteur de ce livre.

La réalité est la suivante, c'est que nous sommes tous ce que nous voulons être et ne pas être, les gardiens de notre propre temple. Et la clé ouvre la porte d'un monde infini entre réel et imaginaire.

Et ce que j'aimerais que vous compreniez, ce que sont les autres, nous le sommes tous inconsciemment, à la fois auteurs, acteurs, créateurs et créations, mais ce qui nous a dopé l'esprit de fausses croyances a fait de nous des êtres n'existant que par des images et nous ne faisons que reproduire ce que nous avons appris.

Ce que nous sommes en fin de compte, nous croyons l'être, mais nous ne sommes pas !

Nous sommes tous à la recherche de quelque chose et nous misons tous nos espoirs là-dessus, mais là où réside l'espoir, il n'y a pas la foi, et ils ne peuvent demeurer tous deux dans un même endroit.

L'espoir réside dans le manque, le besoin et l'attente que quelqu'un ou qu'un événement vienne nous l'apporter, alors que la foi ouvre les portes de nombreuses possibilités au plus profond de nous-même ! Et celui qui croit suffisamment en lui peut avancer sans peur, et c'est le point de départ de notre nouvelle vie.

Apprenez davantage à « être » qu'à « devenir », et « être », c'est vivre dans l'instant présent, éveillé, ou le triste passé n'existe plus, ou le futur n'est pas encore.

Votre vie est ce que vous en faites en cet instant, elle se construit là, tout de suite !

Je ne sais pas si tout le monde aura compris clairement le message et de qui est véritablement notre ami dans cette aventure ! Je vous laisse le soin de trouver la réponse qui est en vous, pour certains, cela mettra plus de temps selon le conditionnement mental, mais avec de la volonté, vous y arriverez tout comme moi.

Toutes les réponses sont en vous ! À vous de les trouver !

Avec monture est représenté

Rubis dominant saphir

Le sang lui est versé

En fuyant son devenir

Sans attendre dans l'arène

Étape 12:
Le voyageur

"Le voyageur doit frapper à toutes les portes avant de parvenir à la sienne."
(Rabindranàth Tagore / L'Offrande lyrique)

Comment cette histoire avait-elle commencé ? J'ai un souvenir très vague de cette rencontre qui a changé ma vie. n'était-ce qu'un songe ? Le murmure d'une illusion ? Mes yeux s'ouvraient dans le wagon de ce train, ne me souvenant plus comment j'ai atterri ici.

J'étais en route pour une nouvelle destination, celle d'une aventure captivante. À deux heures de Paris, impatient à l'idée de rencontrer celui qui m'a éveillé dans un univers nouveau, et la peur de la foule à l'arrivée me gagna de plus en plus, dans cette gare dans un contexte assez tendu, des policiers et des militaires partout m'enlevèrent à mes rêveries. Le réveil fut brutal pour l'être.

Dans ce même train où des manifestants chantonnaient « On est là…..on est là…... !! » dans un défilement jaunâtre, prêts à battre le pavé à la place de la Liberté.

Il me hâte de voir mon ami, mon auteur, pour qu'il signe son livre « L'ami de l'âme ».

Il me restait du temps pour entamer une petite sieste, et que me restait-il à faire en attendant ? Je pris mon manteau en office d'oreiller, le livre sur les genoux, je ne mis pas longtemps à m'endormir, comme si quelque chose me poussait à le faire, quelque chose dans l'air de soporifique.

Je fis un drôle de songe, à mi-chemin entre le réel et l'imaginaire, et j'ignorais où je me trouvais en cet instant, un rêve qui avait l'air *d'être sans fin, et celui où j'écris ces lignes avec mon stylo sur un cahier de brouillon, et ces mots qui finalisent cette aventure sont :*

« Ne vous fiez jamais aux apparences! »

Tout au long de cette aventure, j'eus compris une chose importante !

Nous sommes tous les gardiens de notre temple, celui de nos pensées, personne ne peut y rentrer sans notre autorisation, car nous seuls possédons la clé de notre âme, et cet ami, rempli de mystères est un être très proche que seule la subtilité peut distinguer.

Mais l'innocence de l'enfance a fait de nous des êtres manipulables sous l'influence de protagonistes que nous avons crus et laissés rentrer, c'est seulement à l'âge adulte que nous gardons enfermé de nombreux personnages comme cité dans ce livre.

Il y a un dessinateur qui trace les lignes de notre vie dès notre naissance, un enfant, celui qui est resté au fond de nous, des juges qui décident pour nous de ce qui est bon ou pas, un génie créatif, notre ami bien présent mais endormi, un maître du temps qui passe, un fermier qui mène le troupeau, celui que nous sommes, un philosophe qui tente par tous les moyens de prêcher le faux pour du vrai, un roi incapable de gérer son royaume, un magicien qui est tout le temps en nous et qui nous montre ce qu'il y a de plus beau, et un sage qui nous donne toutes les révélations sur nous-mêmes.

Mais dans le fond, qui sommes-nous devenus ? En fait, nous sommes tous ces personnages, ils sont devenus « nous », car il nous arrive d'être dessinateurs, enfants, juges, fermiers, philosophes, et tous les autres qui ont façonné notre vie, nous sommes eux, mais aussi, l'auteur et l'acteur de notre propre existence.

Le titre de mon livre n'est pas le fruit du hasard, et peut-être aussi, le fait que vous l'ayez lu, quelque chose a attiré votre attention, l'image, le titre, le sous-titre ou la description, quelque chose a fait que vous avez trouvé votre identité dans ce livre.

Mais je vais vous faire une dernière révélation, le voyageur, c'est vous, car vous seul décidez de la route que vous voulez suivre, de quelle quête vous voulez être l'auteur.

Vous disposez de tous les personnages dans votre esprit pour devenir qui vous voulez, à vous de combattre les juges de votre existence et de réveiller votre génie créatif, celui qui vous a conféré des pouvoirs étant plus jeune, et celui qui le peut encore, seulement, c'est à vous de reprendre le contrôle de la porte d'entrée de votre âme, vous seul en avez la clé.

**

Règle n°5

La réalité est ce que nous en faisons !

**

SUGGESTIONS DE LECTURES

ÉDITIONS BOD

- SUCCÈS GARANTI
Yoann MERITZA

- COMMENT REPROGRAMMER SON SUBCONSCIENT ?
Yoann MERITZA

- L'ESPRIT AU-DESSUS DE LA LIGNE
Yoann MERITZA

UN MONDE DIFFERENT

— RÉUSSITE MAXIMUM
Max PICCININI

— CONFIANCE ILLIMITÉE
Franck NICOLAS

— LA LOI DE L'ATTRACTION

Michael J. LOSIER

- LE SECRET
Rhonda BYRNE

EDITIONS BELIVEAU

— 7 INGRÉDIENTS ESSENTIELS POUR MAITRISER LA LOI DE L'ATTRACTION
Jack CANFIELD – Mark Victor HANSEN – Jeanna GABELLINI – Eva GREGORY

POCHE MARABOUT

— LA METHODE COUÉ
Emile COUE

— LA PUISSANCE DE LA PENSÉE POSITIVE
Norman Vincent PEAL

MACRO EDITIONS

- VOUS ETES NE RICHE
Bob PROCTOR

EDITIONS FIRST

- LE PETIT LIVRE DE LA LOI DE L'ATTRACTION
Slavica BOGDANOV

EDITIONS DU TRESOR CACHE

- LES SECRETS D'UN ESPRIT MILLIONNAIRE

T Harv EKER

J'AI LU

— LE CODE SECRET DE VOTRE DESTIN
James HILMAN

— ACCOMPLISSEZ VOTRE DESTINÉE
Wayne W. DYER

— QUAND ON VEUT, ON PEUT !
Normann Vincent PEAL

— COMMENT RÉUSSIR VOTRE VIE ?
Dr Josephe MURPHY

— COMMENT UTILISER LE POUVOIR DE VOTRE SUBCONSCIENT ?
Dr Joseph MURPHY

— LE POUVOIR DE LA VOLONTÉ
Paul-Clément JAGOT

— LE JEU DE LA VIE
Florence Scovel SHINN

— VOTRE PAROLE EST UNE BAGUETTE MAGIQUE
Florence Scovel SHINN

— RÉFLECHISSEZ ET DEVENEZ RICHE
Napoléon HILL

— LES SECRETS DE LA COMMUNICATION
Richard BANDLER & John GRINDER

— DEVENEZ MENTALISTE

Bastien BRICOUT

LE LIVRE DE POCHE

— COMMENT SE FAIRE DES AMIS
Dale CARNEGIE

— COMMENT PARLER EN PUBLIC
Dale CARNEGIE

EDITIONS ASKA

— PLUS MALIN QUE LE DIABLE
Napoléon HILL

- EDITIONS « POUR LES NULS »

- LA LOI DE L'ATTRACTION POUR LES NULS
Slavica BOGDANOV

EDITIONS ADA

— LES SECRETS DE LA RÉUSSITE
Sandra Anne TAYLOR

- ATTIREZ CE QUE VOUS DESIREZ
Mélodie FLETCHER

EDITIONS BUSSIERE

— LA PORTE SECRÈTE MENANT A LA RÉUSSITE
Florence Scovel SHINN